科学传播培训的理论与最佳实践

[美] 托德·P. 纽曼（Todd P. Newman） 主编

黄荣丽 王大鹏 王宇晨 倪盈盈 译

THEORY AND BEST PRACTICES
IN SCIENCE COMMUNICATION TRAINING

中国科学技术出版社
·北京·

图书在版编目（CIP）数据

科学传播培训的理论与最佳实践 /（美）托德·P. 纽曼主编；黄荣丽等译 . -- 北京：中国科学技术出版社，2025. 1. -- ISBN 978-7-5236-1215-6

Ⅰ . G206.2

中国国家版本馆 CIP 数据核字第 20242ZT414 号

Theory and Best Practices of Science Communication Training / by Todd P. Newman / ISBN: 9781138478152
Copyright © 2020 by Routledge
Authorised translation from the English language edition published by Routledge, Part of the Taylor & Francis Group LLC. All Rights Reserved

本书原版由 Taylor & Francis 出版集团旗下，Routledge 出版公司出版，并经其授权翻译出版。版权所有，侵权必究。

China Science and Technology Press Co. Ltd is authorized to publish and distribute exclusively the Chinese (Simplified Characters) language edition. This edition is authorized for sale throughout Mainland of China. No part of the publication may be reproduced or distributed by any means, or stored in a database or retrieval system, without the prior written permission of the publisher.

本书由英国 Taylor & Francis Group 出版集团授权中国科学技术出版社有限公司在中国大陆独家出版，未经出版者许可，不得以任何方式抄袭、复制或节录任何部分。

Copies of this book sold without a Taylor & Francis sticker on the cover are unauthorized and illegal.

本书贴有 Taylor & Francis 公司防伪标签，无标签者不得销售。

著作权合同登记号：01-2024-5947

策划编辑	单 亭 许 慧
责任编辑	向仁军 陈 璐
封面设计	中文天地
正文设计	中文天地
责任校对	邓雪梅
责任印制	李晓霖

出　　版	中国科学技术出版社
发　　行	中国科学技术出版社有限公司
地　　址	北京市海淀区中关村南大街 16 号
邮　　编	100081
发行电话	010-62173865
传　　真	010-62173081
网　　址	http://www.cspbooks.com.cn

开　　本	710mm×1000mm　1/16
字　　数	210 千字
印　　张	13.75
版　　次	2025 年 1 月第 1 版
印　　次	2025 年 1 月第 1 次印刷
印　　刷	北京长宁印刷有限公司
书　　号	ISBN 978-7-5236-1215-6 / G·1079
定　　价	68.00 元

（凡购买本社图书，如有缺页、倒页、脱页者，本社发行中心负责调换）

目录
CONTENTS

绪论
托德·P. 纽曼 / 001

第一部分
战略性地开展科学传播的科学家 / 007

1 科学家、培训师以及科学的战略性传播
  妮可尔·贝内，安东尼·杜多，袁姝培，约翰·贝斯利 / 009

2 对专业知识和经历的研究为科学传播培训提供了什么
  德克兰·费伊 / 042

3 公私伙伴关系对科学传播研究和实践的意义
  弗雷德·巴尔弗特 / 059

4 参与科学与社交媒体：跨越利益、目标和平台的传播
  埃米莉·豪厄尔，多米尼克·布罗萨德 / 074

第二部分
科学传播培训的设计与评估 / 093

5 培训科学家在不断变化的世界中开展科学传播
  托斯·加斯科因，詹尼·梅特卡夫 / 095

6 科学写作的挑战

　　——指导和评估书面形式的科学传播工具

　　齐波拉·拉克森 / 117

7 正规科学教育对科学传播培训设计的启示

　　——使用特殊语并明确表达

　　路易丝·基克尔 / 136

8 科学传播培训评估

　　——超越自我报告的形式

　　耶尔·巴雷尔－本·大卫，阿伊雷特·巴拉姆－萨巴里 / 157

第三部分
科学传播培训的未来方向 / 179

9 放弃失控的列车

　　——放慢脚步，利用从健康传播培训中汲取的经验

　　布伦达·麦克阿瑟，尼科尔·利维和阿曼达·吴 / 181

10 科学传播的地铁系统

　　——为支持科学家的公众参与工作建设高效的基础架构

　　布鲁克·史密斯 / 198

绪论

✎ 托德·P. 纽曼

2007年，在世界上最大的科学学会——美国科学促进会（American Association for the Advancement of Science）的年会期间，谷歌公司的联合创始人拉里·佩奇（Larry Page）发表主题报告，他对参会的科学家说到，"科学工作出现了一个非常严重的营销问题，因为没有一个营销人员是为科学而工作的，所以没有人会关注这个问题。"换句话说，如果科学家真的希望他们的工作能够接触到更广泛的受众，科学家以及同科学与社会之间的关系存在关联的各种工作人员（如政府、大学、资助机构和专业学会的工作人员），就需要理解科学传播的重要性。

科学共同体就一般科学或具体科学问题对公众进行教育的努力总体上往往达不到预期的结果，因而导致科学界的很多领导人意识到需要让公众参与进来并且传播科学（Cicerone, 2010; Leshner, 2003, 2015）。鉴于科学家和社会之间缺乏联系，所以科学家必须与不同的公众建立起更密切的联系，并参与双向交流。这种类型的交流也要求科学和科学家在科学与社会相遇时对很多不同的需求和价值观进行整合。

在推动这项工作方面，我们已经有了很强的基础：从国际上来说，公众非常信任科学家，并且认为科学的益处超过其风险（National Science Board, 2018）。正是在这种情境下，"科学传播的科学"之中所开展的研究，正在试图弄清楚那些影响公众如何看待科学问题的因素，以及让科学家与不同的受众之间进行有效参与的框架（Hall-Jamieson, Kahan & Scheufele, 2017）。这个领域中的研究使得近期（2017）美国国家科学院、工程院和医学院（National Academies of Sciences, Medicine, and Engineering）出版了《有效的科学传播：研究议程》（*Communicating Science Effectively: A Research Agenda*）一书，这为继续向前推进科学传播这个领域的发展提供了一个框架。

对于科学家来说，对科学有效传播的需求可以带来一系列实际应用。比如，为给社会带来好处，跨越 STEM（科学、技术、工程和数学）领域的科学家需要向决策者和商业伙伴解释他们研究的重要性和用途。同样，科学家需要向记者描述他们的研究结果，以便让公众知情。此外，一些联邦研究资助机构，包括美国的、英国的和欧盟的机构，它们的资助条件中都包括了"广泛影响性"或"传播扩散"这样的条款，以确保联邦资助的研究给社会带来的益处能够得以传播。

尽管存在这些发展变化着的规范，但是很多科学家在传播方面或者社会科学方面并没有接受过正式的培训。然而很多科学家都表示出了很高的参与培训的意愿，并且认为积极参与在总体上是有益的。因而，有效的科学传播的需求就推动了把科学传播培训课程纳入研究生 STEM 教育的进程，同时出现了越来越多的研究中心和机构为大学和政府的科学家、私营企业的科学家以及医学专业人才提供传播培训。这些培训由各种活动组成，包括依靠各种技术来改善传播有效性的课程、讲习班和研讨会。

随着全球科学传播培训项目和课程的增多，也就出现了越来越多的研究人员，他们开始关注传播培训在帮助科学家改善传播工作中的作用以及科学家寻求培训的动机。最近以来，研究人员和从业者意识到了需要给科学传播培训项目的评估提供框架，包括衡量传播有效性的方式。

然而，有关科学传播培训的研究仍然分散于教育学、传播学和新闻学等各种具体学科的期刊中。科学教育和非正规教育中近期编辑出版的著作（Patrick, 2017; Van der Sanden & De Vries, 2016）以及特定的专题，比如《国际科学教育杂志：B》（*International Journal of Science Education, Part B*）聚焦于这些话题。然而，截至目前，还没有一部收录不同领域的研究者考察科学传播培训的趋势的综合性著作出现，这样的著作可以作为科学传播培训中最佳实践的参考，也可以为科学传播研究者、从业者、培训者和其他感兴趣的读者提供该领域的一种概述。

作者编著这本著作的目的就是把全球科学传播培训领域的一些优秀研究者和从业者集中起来。弥合这些不同的视角会对科学传播培训的当前趋势提供一个更广阔的综述，包括最佳的实践案例以及未来最需要研究的领域。《科学传播培训的理论与最佳实践》共有 10 章，分为三大部分。

本书的第一部分，"战略性地开展科学传播的科学家"有四章内容，考察了科学家作为战略传播者的作用，以及怎样开展传播培训有助于为这些工作提供支撑。

在第 1 章中，妮可尔·贝内（Nichole Bennett）、安东尼·杜多（Anthony Dudo）、袁姝培（Shupei Yuan）和约翰·贝斯利（John Besley）对一个研究项目进行了综述，内容是他们关注的传播战略对科学家以及支持这些努力的培训人员的作用。作者们对公众参与的学术成果提供了全面的概述，包括科学家进行传播活动的频率，位于他们传播意愿背后的因素，以及他们如何从事传播活动。作者们发现，尽管科学家们付出了努力，但他们并不是战略性的传播者，为目标设置先后次序并不太可能改变公众在科学话题上的态度或行为。作者们把这些研究发现与评估北美地区传播培训整体图景这一近期研究工作进行了整合，最为显著的是，作者们发现，在这些培训中通常并未强调战略性传播，所传授的技能也与这些目标相脱节。第 1 章还讨论了科学传播未来的研究方向，尤其是在扩展研究 – 从业者伙伴关系以强化科学传播培训研究这一背景之下。

在第 2 章中，德克兰·费伊（Declan Fahy）利用科学研究这个领域中的学术文献，尤其是科学社会学家哈里·科林斯（Harry Collins）和罗伯特·埃文斯（Robert Evans）的著作，讨论了在当代社会中专业知识和科学家的经验的作用。本章强调了科林斯和埃文斯在基于专业知识的交流方面的主要工作，包括科学家应该只依据他们的专业知识进行传播的理念，他们应传达他们专业知识的本质，解释他们如何遵守科学精神，并不断评估他们自身的专业知识延伸到了什么程度。费伊就当代科学与社会结合的关键点提供了概述，并且提供了传播培训的研究者和从业者对这些关键点进行整合的方式。

在第3章中，弗雷德·巴尔弗特（Fred Balvert）聚焦于研究和工业之间关系的历史重要性，并且认为科学传播的当代理论与实践并不能充分地解释二者之间的关系。本章通过历史和跨文化的视角考察了这些主题，并且讨论了不同利益相关者的作用，包括研究者、研究机构、记者以及处于这种情况之中的私人公司。巴尔弗特在本章的结尾为行业资助研究的战略性传播提供了几个概念模型，并且阐释了这些模型对于科学家、培训者和专业科学传播者的意义。

第一部分的最后一章由埃米莉·豪厄尔（Emily Howell）和多米尼克·布罗萨德（Dominique Brossard）撰写，这一章讨论了网络媒体在科学信息传播方面越来越大的作用，以及科学传播者逐渐开始依靠社交媒体与同行、利益相关者和感兴趣的公众进行交流的转变。作者们讨论了科学家对这种新媒体图景进行参与的机会与挑战，从而强调了科学家们在社交媒体上成功的科学传播最佳实践方面已经具备了哪些经验。本章的结尾讨论了科学传播研究和培训如何有助于形成社交媒体上的最佳实践，以及需要在研究者和实践者之间加强合作。

本书的第二部分是"科学传播培训的设计与评估"，其焦点转向了科学传播培训的实践，包括培训项目的设计与研发，以及评价和评估的方法。

在第5章，托斯·加斯科因（Toss Gascoigne）与詹尼·梅特卡夫（Jenni Metcalfe）描述了他们近30年来为全球的科学家提供传播培训项目的历程。从澳大利亚的讲习班开始，加斯科因和梅特卡夫的培训范围扩展到了全球20多个国家。作者们描述了他们讲习班的基础，并且描述了他们的工作如何随着时间的推移而不断改进，以适应培训科学家在新媒体环境下和不同的社会文化情景下进行科学传播。这一章对期望科学家掌握的所需技能的形式，以及把反馈和评估整合进他们自己的传播培训项目所涉及的挑战提供了一些见解。

在第6章中，齐波拉·拉克森（Tzipora Rakedzon）介绍了科学写作培训和评估工具的概况。拉克森描述了科学家从为学术同行撰写文章转向给普通公众撰写文章所面临的困难，并且着眼于现有的培训项目和教育情景带来的一系列最佳实践案例，以及不同的评估工具，包括自动化程序和等级评分量规。在本章的末尾，作者就针对整合进培训项目之中的评估工具提出了一些建议，并且提出了对科学写作有效性进行评估的未来研究的方向。

在第 7 章中，通过对教育方法中的最佳实践以及科学传播培训者和研究者如何从科学教育这个领域中获益进行概述，路易丝·基克尔（Louise Kuchel）把科学教育中的研究与科学传播进行了整合。基克尔描述了包括课程设计、评估和学习在内的正规教育设计中的基本概念在科学传播培训中是如何失踪的，并且为如何把注意力聚焦于这些概念以支持更有效的传播培训提出了建议。

第二部分的最后一章由耶尔·巴雷尔 – 本·大卫（Yael Barel-Ben David）和阿伊雷特·巴拉姆 – 萨巴里（Ayelet Baram-Tsabari）完成，他们讨论了科学传播培训中评价的重要性，以及为评价这种培训而开发的各种工具。这样，作者们叙述了界定学习目标和结果的重要性，并基于人力资源开发（Human Resource development，HRD）的文献为评价提供了一个框架。作者们最后以评价所面临的一些固有挑战作为本章的结尾，同时还推荐了一些研究者与从业者之间合作的机会。

最后，本书的第三部分，"科学传播培训的未来方向"，聚焦于维持传播培训关系网以及科学家参与和拓展科学传播工作的几个与众不同的框架。

在第 9 章，布伦达·麦克阿瑟（Brenda MacArthur）、尼科尔·利维（Nicole Leavey）和阿曼达·吴（Amanda Ng）着眼于科学传播培训与健康传播培训这两个领域的发展的相似性。作者们讨论了美国的医疗卫生体系如何在正规医学培训中强调传播培训的价值，并向以患者为中心的方法逐渐转变。本章的末尾对来自健康传播培训领域的最佳实践和缺陷提供了概述，并且探讨了科学传播培训界可以从中学到的关键教训。

在第 10 章，布鲁克·史密斯（Brooke Smith）论述了为培养和维持科学家在传播和参与上付出努力，需要着眼于一种以系统为基础的方法。通过类比华盛顿特区地铁系统的基础设施，史密斯强调了科学共同体也应该像它一样聚焦一系列主要优先事项，以建立一种基础设施，让对科学家进行培训的作用得以发挥，从而帮助科学家实现其传播和公众参与的目标。

总之，这三部分对科学传播培训这个领域中涌现出来的研究提供了一种全面的概述。这些章节注意到了科学传播培训这个领域充满活力的本质，以及它持续地在全球各地增长的现实。最重要的是，这些章节把在科学家的作用、培训项目和弥合科学－社会结合点的更广泛的科学共同体上的关键发现与我们应该遵循的最佳实践方法关联了起来。

对于科学传播培训共同体而言，显而易见的是，需要反思这个领域的发展。这些科学传播项目发展的目的是什么，科学传播培训共同体应该如何让自己维持一个战略重点持续向前发展？然而，这个目标在多大程度上能够得以满足取决于对培训在科学家的传播努力上所发挥的作用的理解。我们的希望是，这本书可以发挥两个重要功能：首先，本书的目标是作为科学传播培训者了解这个领域内关键议题的一种资料，以及作为他们考虑开始或重塑他们自己的科学传播培训项目的框架。其次，通过强调未来的研究方向，本书为科学传播研究者以及从业者提供了许多促进研究者－从业者合作的不同方法。期望本书有助于促进在"科学传播的科学"之内的传播培训这个二级学科的持续发展。

参考文献

Cicerone R. 2010. Ensuring integrity in science. *Science*, *327*(5966), 624.

Hall-Jamieson, K., Kahan, D., & Scheufele, D. A. (Eds.). 2017. *The Oxford Handbook of the Science of Science Communication*. New York: Oxford University Press.

Leshner A. I. 2015. Bridging the opinion gap. *Science*, *347*(6221), 459.

Leshner A. I. 2003. Public engagement with Science. *Science*, *299*(5609), 977.

National Science Board. 2018. *Science and technology: Public attitudes and public understanding* (Chapter 7). Science and Engineering Indicators.

Patrick, P. (Ed.). 2017. *Preparing Informal Science Educators: Lessons for Science Communication and Education*. New York: Springer.

Van der Sanden, M. C. A., & De Vries, M. J. (Eds.). 2016. *Science and Technology Education and Communication*. Rotterdam: Sense Publishers.

第一部分

战略性地
开展科学传播的
科学家

1 科学家、培训师以及科学的战略性传播

✎ 妮可尔·贝内，安东尼·杜多，袁姝培，约翰·贝斯利

引言

2015年，气候科学家迈克尔·曼（Michael Mann）在家庭影院频道（HBO）的《比尔·马赫脱口秀》（*Real Time with Bill Maher*）节目中出镜（Real Time with Bill Maher, 2015）。曼笨拙地完成了这次简短的对话。他闲扯着不清楚的谈话要点，表现得无精打采，也没能抵消马赫急躁的情绪。在这次访谈中，曼错失了进行科学传播的机会，他没能在公共场合提供一些有关气候变化的值得关注的东西。

仔细审视这次访谈的战略性的科学传播者会有很多要批评的地方。他们质疑像曼博士这样的人出现在马赫的节目中是否具有战略意义，他们想知道他参加节目想要达到什么目标，他们还想知道这个平台——一档爱争辩的深夜脱口秀——是否能满足曼博士的传播需求。

当充任传播者的现代科学家想面向公众开展科学传播时，他们需要的不仅仅是"好态度"，更需要技能和战略。这就要求科学家拥有更高明的传播敏感性，而培训者在这方面可以发挥关键作用。我们的研究项目调查了战略在科学传播者以及对科学传播者的努力提供支持的培训者之中的作用。

本章包括我们研究项目的重要见解和启示。首先，我们概述了科学家应该如何应对面向公众的科学传播。这些努力包括战略思维的证据吗？接下

来，我们描述了北美的科学传播培训者的方法如何支持科学家的传播工作。他们在课程中会着眼于战略性传播吗？最后，我们以强调实践的意义以及为未来研究提供一些建议的方向作为本章的结尾。

作为传播者的科学家

呼吁科学家进行传播

科学与社会之间通常存在着一道鸿沟，虽然科学对社会的重要性从未像现在这样明显。美国国家科学委员会（National Science Board, 2014）的数据表明，美国人近几十年来对科学的态度仍然相对积极，同时也越来越关注具体的科技议题，比如基因工程和核能。同时，尽管美国人对这些议题抱有积极的态度，他们在科学议题上展示出来的知识和兴趣仍然有限（Boudet 等，2014; Gifford, 2011; Lee, Scheufele, Lewenstein, 2005; NSB, 2010; Pew Research Center, 2008, 2015; van der Linden, Maibach, Leiserowitz, 2015; Weber & Stern, 2011）。很多旨在解决社会所面临的挑战的科学进展（比如，替代能源、纳米技术、合成生物学、表观遗传学、基因编辑）带来了棘手的伦理、法律和社会问题，这进一步加剧和复杂化了公众对它们的反应（Dean, 2009; Leshner, 2003; Meredith, 2010; Priest, 2008）。因为科学议题持续影响着公众，我们在这些议题上可能需要科学专家和非专家进行更高质量的沟通与传播。

对知识具有独特获取权的科学家被人们认为是有能力的，并且美国人希望这些科学家能对科学议题的管理发挥作用（Fiske, Cuddy, Glick, 2007; Funk, 2017; NSB, 2012）。因而，他们在科学传播中发挥核心作用也是合理的。我们需要科学家让公众进行有意且积极的参与，尤其是在涉及健康风险和环境风险的对话中（Bailey, 2010; Biegelbauer & Hansen, 2011; Cicerone, 2006; Corner, Markowitz, Pidgeon, 2014; EU, 2002; Holt, 2015; Jia & Liu, 2014; Leshner, 2007; Lorenzoni 等，2007; NASEM, 2016a; NRC, 1989; Pidgeon & Fischhoff, 2011; The

Royal Society，1985）。来自全球大型科学机构的科学领袖敦促他们的同事改善自己的传播技巧，以便让公众参与进来（Cicerone，2006，2010；EU，2002；Holt，2015；Jia & Liu，2014；Leshner，2003，2007，2015；Reddy，2009；Rowland，1993；Department of Science and Technology: South Africa，2014；The Royal Society，1985）。有些人坚称科学家不再享有决定是否与公众进行科学传播的特权了，而是更应当决定他们想要如何面向公众进行传播（Donner，2014；Pielke，2007）。对公众科学传播所拥有的这种兴趣为科学家如何进行科学传播以及如何与公众进行对接提出了关键的问题：①科学家与公众进行交流的频率如何？②促使科学家与公众进行交流的因素是什么？③科学家如何看待自己在科学传播中付出的努力？

科学家进行传播的频率如何？

尽管持续存在着希望科学家更多参与科学传播的呼吁，但实际上，很多科学家已经频繁地参与到了公众科学传播活动之中，包括直接与公众接触，以及间接通过媒体进行接触（Bauer & Jensen，2011；Besley & Nisbet，2013；Dudo 等，2018；Hamlyn，Shanahan，Lewsi，O'Donoghue，Burchell，2015；Kreimer，Levin，Jensen，2011；Rainie，Funk，Anderson，2015；Torres-Albero，Fernandez-Esquinas，Rey-Rocha，Martín-Sempere，2011；The Royal Society，2006）。科学家也珍视且计划延续这种拓展性努力（Dudo，Kahlor，Abi Ghannam，Lazard，Liang，2014；Dudo等，2018；Martín-Sempere，Garzón-Garcia，Rey-Rocha，2008；Peters 等，2008a；TRS，2006）。很多科学家认为他们进入科学领域就是为了让世界变得更好（Pew Research Center，2009），并且把与他人分享他们的所知视为一种职业责任（Gascoigne & Metcalfe，1997）或者一种提升公众对科学产生兴趣的方式（DiBella，Ferri，Padderud，1991；Martín-Sempere 等，2008；Peters 等，2008a；TRS，2006）。有些科学家认为让自己的研究成果得到报道对于职业发展来说是非常重要的（Kiernan，2003；Milkman & Berger，

2014; Phillips, Kanter, Bednarczyk, Tastad, 1991; Rainie 等, 2015; Shema, Bar-Ilan, Thelwall, 2014)。其他的科学家则把科学传播视为一项快乐的活动（Corrado, Pooni, Hartfee, 2000; Dunwoody, Brossard, Dudo, 2009; Martín-Sempere 等, 2008）。

新的传播技术使得公众科学传播对某些科学家来说变得更加容易和具有诱惑力。网络媒体环境改变了科学家与公众互动的方式（Brossard & Scheufele, 2013; Linett, Kaiser, Durant, Levenson, Wiehe, 2014），新的媒体平台给个体科学家提供了机会，可以让他们在一个更加民主化的科学环境中表达自己对科学议题的观点并让更多的利益相关者参与到对话当中（Delborne, Schneider, Bal, Cozzens, Worthington, 2013; Peters, 2013），甚至是促进科学本身的发展（Einsiedel, 2014; Owens, 2014）。这就使得人们满腔热忱地呼吁科学家对社交媒体的使用敞开怀抱，既成为为科学发声的斗士，又收获他们自己的研究在社交媒体上露面的好处，包括增加引用率，提升研究的广泛影响性，以及强化职业社交网络（Bik & Goldstein, 2013; Darling, 2014; Liang 等, 2014; Saunders 等, 2017; Van Eperen & Marincola, 2011; Wilkinson & Weitkamp, 2013）。

如何预测科学家参与科学传播的意愿？

为让更多的科学家参与到科学传播中，我们需要更好地理解促使科学家参与到公众拓展活动之中的情境。科学家参与高质量公众拓展活动的意愿源自怎样的底层逻辑？大多数过去的研究试图理解为何科学家对传播的参与缺乏理论指导，并且依赖轶闻证据。这个理论框架内的研究成果表明，利用计划行为理论（Theory of Planned Behavior）或相关的综合行为模型（Integrated Behavioral Model）作为理论框架，来识别与科学家参与公众科学传播活动的意愿最相关的因素的经验价值。这个理论描述了态度、规范和效能是如何塑造一个个体的行为和行为意向的（Ajzen, 2017; Yzer, 2012）。研究表明了态度、效能和规范在预测科学家参与科学传播意愿方面的常见的重要性（Besley, Oh, Nisbet, 2013; Besley, Dudo, Yuan, Lawrence, 2018; Poliakoff & Webb, 2007）。

社会心理变量

正如所料，当把参与衡量为一种普遍的情感（Martín-Sempere 等，2008; Poliakoff & Webb, 2007）或衡量为一种乐趣时（Besley 等，2018; Dudo, 2013; Dunwoody 等, 2009），对公众参与具有更积极态度的科学家更有可能更多地参与活动。对公众的积极态度可能会增加科学家参与活动的意愿；而对预期受众持消极看法的科学家则不太可能参与活动（Besley, 2014），虽然有些研究在二者之间没有发现明显的关系（Besley, Oh, Nisbet, 2013; Besley, Dudo, Storcksdieck, 2015）。在对参与活动进行预测时，对科学家参与的态度是一个比对受众的态度更为可靠的指标，这个指标表明科学家过去的积极经历会促进他们未来继续参与活动（Besley 等，2018）。为促进科学家参与活动，应当强调活动在多大程度上会成为一种积极的经历或强调参与可以带来的收益。

社会影响变量（比如，规范）也有望影响科学的参与努力。我们把这些变量分成描述性规范和主观规范（Lapinski & Rimal, 2005）。描述性规范是科学家认为他们的同行正在做什么（比如，科学家认为他们的同行参与到公众传播活动中了吗？），而主观规范（或者说命令性规范）则是科学家认为他们的同行期望或者支持什么（比如，科学家认为他们的同行会赞同公共传播活动吗）。初期的研究发现，认为他们的同行参与了公众传播活动的科学家更有可能认为他们自己也打算参与进来（Poliakaff & Webb, 2007），这就是描述性规范，而针对较大样本规模的新近研究则没有发现这种关系（Besley, 2014; Besley 等, 2018）。以著名科普人士卡尔·萨根（Carl Sagan）的名字命名的"萨根效应"（Sagan Effect）反映了主观规范。因为他完成科研的同时还在开展科学拓展活动，同行认为他不是一个严肃的科学家，所以他遭受了职业上的挫折（Ecklund, James, Lincoln,

2012；Fahy，2015；Gascoigne & Metcalfe，1997）。尽管"萨根效应"这个术语在文化方面非常流行，但是相关的研究并未持续地发现这种相关性（Besley & Nisbet，2013；Besley & McComas，2014；Besley 等，2018；Dudo 等，2014；Poliakoff & Webb，2007）。规范性信念的影响力似乎要比想法弱一些。

我们把效能变量分为三种信念：自我效能（科学家对他们在参与活动时的技能的感觉），反应效能（科学家对参与活动可以带来有益效果的信念），以及时间（科学家对他们有时间参与活动的信念，这可能会被看作行为控制的一种因素）。认为在公众参与方面可以做合理的工作的科学家（自我效能）更愿意进行科学传播（Besley 等，2013；Besley，2014；Dudo 等，2014；Dunwoody 等，2009；Poliakoff & Webb，2007）。就像认为参与努力可以产生预期影响的科学家一样（反应效能）（Besley 等，2013，2018；Besley，2014）。过去的研究发现，科学家感知到的时间压力并不能用来对参与行为进行预测（Poliakoff & Webb，2007），但是新近的研究发现时间可用性很重要（Besley，2014；Besley 等，2018；Dudo，2013）。这些有关效能的发现表明，可以通过改善科学家的技能，改变对预期影响的信念，以及增加他们可用于传播的时间这些具体的方式来鼓励科学家参与进来。

参与的支持者可以利用这些变量（态度、规范和效能）来发现并动员那些更可能参与传播活动的科学家。比如，他们可以找到那些更有可能达到特定传播目标（比如，以地理位置或具体专业知识为目标）的科学家或者确保我们支持和鼓励那些来自代表性不足群体的个体。同样具有战略性意义的是，弄清楚如何让特定的个体——比如一些粗鲁的或居高临下的科学家较少地参与科学传播，以阻止他们强化对科学家有害的刻板印象。这些驱动因素也可能有助于改变科学家对传播的看法。比如，如果那些认为自己能力更强的科学家也更愿意参与进来的话，那么我们就可以用科学传播培训来处理这些变量。

虽然这些研究为个体科学家是否可能让处于他们研究领域之外的人们参与进来提供了一些见解，但是它们的着眼点在于参与的数量，而非质量。我们不能期望每个科学家都进行传播，所以重要的是，要强调那些从事传播的人所做的传播的质量（Pearson，2001）。上面讨论的科学家参与科学传播的例子可能代表了单向的传播，其效果要比有意义的、多方的对话差很多（Delli Carpini, Cook, Jacobs, 2004; Grunig & Grunig, 2008）。所以重要的是，要探究科学家如何从事传播活动，以及调查科学家在他们的科学传播活动中期望完成什么目标。

人口统计变量

在预测科学家同公众进行交流的意愿方面，人口统计学因素似乎没有社会心理学因素重要。有些研究表明，比较年长的科学家在一定程度上要比年轻一些的科学家更有可能同公众进行交流（Bentley & Kyvik, 2011; Besley 等，2013，2015; Crettaz von Roten, 2011; Dudo 等，2018; Kreimer 等，2011; Kyvik, 2005; Torres-Albero 等，2011; The Royal Society, 2006），并且男性科学家在一定程度上要比女性科学家更有可能同公众进行交流（Besley, 2014; Besley 等，2013，2018; Bentley & Kyvik, 2011; Crettaz von Roten, 2011; Kreimer 等，2011; Torres-Albero 等，2011）。其他的研究则发现了相反的模式，或者并没有发现任何差异（Besley 等，2018; Crettaz von Roten, 2011; Dudo, 2013; Ecklund 等，2012; Jensen, 2011）。较为年长的科学家在拓展科学传播活动的期望方面往往占有领导地位（Rödder, 2012），或者他们终身教职的保证使得这些科学家更有参与科学传播的自由和自主权（Dudo, 2013; Dudo 等，2014）。然而其他研究则表明，科学家的早期职业生涯中对科学传播活动的参与度会随着年龄的增加而逐渐减少（Besley & Oh, 2013; Besley 等，2013，2018）。

公众观点普遍预测，处于更具备应用性领域的科学家会更多地进行科学传播，但是这种主张缺乏证据。有些研究表明，一些特定领域要比其他领域更多地与公众进行交流，比如社会科学家（Bauer & Jensen, 2011;

Bentley & Kyvik，2011；Jensen，2011；Kreimer 等，2011；Kyvik，2005；Peters，2013；Rainie 等，2015）、环境科学家（Jensen，2011；Rainie 等，2015；Torres-Albero 等，2011）或者生物学家/医学研究者（Besley 等，2013；Marcinkowski, Kohring, Fürst, Friedrichsmeier，2013；Torres-Albero 等，2011）。但是所处的科学领域似乎并不是科学家是否采取参与行为的首要驱动因素（Besley 等，2018；Ecklund 等，2012）。

有研究表明，科学家过去的经历、当前的观点与未来的行为之间存在一种循环关系（Ouellette & Wood，1998），以及科学家过去的参与行为同他们参与到未来传播活动中的意愿之间存在着正相关（比如，Besley 等，2018）。换句话说，如果一个科学家有对公众进行传播的经历，那么他（她）通常会愿意再次参与进来。

科学家如何开展科学传播

在一个科学家决定要开展科学传播之后，他（她）必须决定如何进行传播，这样可以有效地从一系列战略性的、深思熟虑的决策中获得益处。理想来说，科学家应该在头脑中对他们的传播工作有一个清晰的长期目标，这个目标可能是某种行为。这就要求科学家对谁构成了这个目标的受众以及是什么让他们成为那些目标的受众这两方面有所理解。然后科学家应该仔细考虑什么样的短期传播目的有可能帮助他们达成长期的（行为）目标。科学家还必须选择最有可能帮助他们达成短期目的的传播策略。这些考量体现着战略性传播的基本原则，虽然它们在像公共关系（Hon，1998）和健康传播（Rice & Atkin，2013）这样的领域中很常见，但是我们的研究表明，它们在作为传播者的科学家群体中并非十分明显。

我们的研究团队采用了这个"策略–目的–目标"（Tactics-Objectives-Goals）模型来描述传播研究者有时使用的以及作为传播者的科学家可以优先考虑的选择类型（图1.1）。在这个模型中，"目标"是较长期的预期行为结果（Grunig & Hunt，1984；Kendall，1996），"目的"是沿着更广泛的目标而达成的较短期的具体传播结果（Hon，1998；Kendall，1996）。目标支持着目的，"策略"是为达成目标而采取的行动。对于科学家来说，界定总目标比较容易，因为它们源于科学家的研究、资源和个人兴趣的行为（或者虚假行为）。比如，他们想参与政策讨论吗？如果参与的话，在什么层面上（当地、州、国家）进行参与？他们想影响公众行为吗，比如提供选择 STEM 相关职业方面的建议或帮助做出更好的医学或环境决策？一个关键问题就是，把目标视为传播的直接结果是行不通的，尽管传播的目的源于传播活动（包括传播行为）的信念、感情和框架。对目的的识别会给科学家带来挑战，因为这些目的可能是隐性的或抽象的，但是对于一个科学传播者来说，优先考虑具体的目的意味着要决定他们需要在何处付出努力。过去的研究已经发现了科学家可能会选择的几种目的：增加公众的科学知识，使公众产生像兴奋或好奇这样的情绪，培养各方面的信任或关系（如热情、胜任能力等），以及为信息设置框架以与具体的受众产生共鸣。除此之外，可能还有其他目的，但是这些目的被研究得最为广泛。

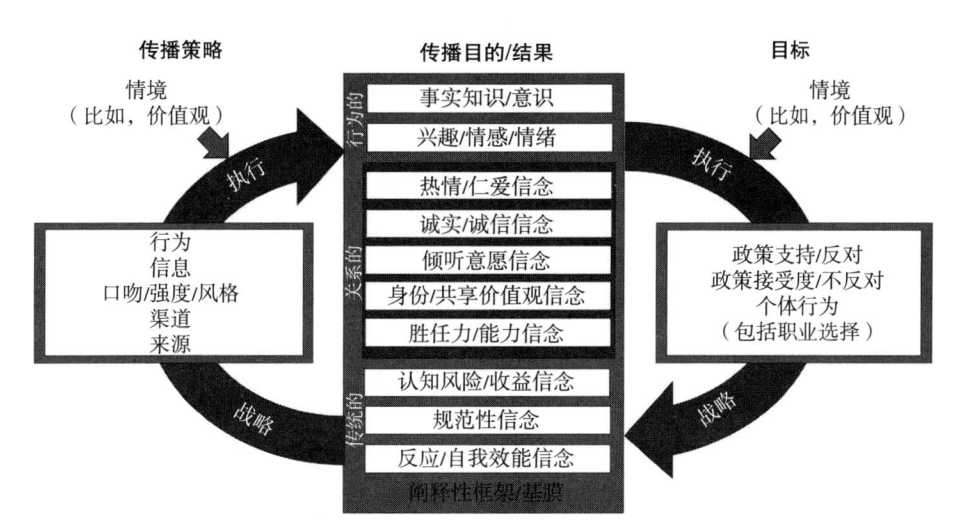

图 1.1 "策略 - 目的 - 目标"模型

针对科学家在目的方面优先次序的研究向我们表明，科学家持续地把增加公众科学知识的目的作为优先选择（Bauer，Allum，Miller，2007；

Besley & Nisbet, 2013; Besley 等, 2015; Besley, Dudo, Yuan, Abi Ghannam, 2016; Burningham 等, 2007; Davies, 2008; Dudo & Besley, 2016; Fischhoff, 1995; Peters 等, 2008b; Petersen, Anderson, Allan, Wilkinson, 2009; TRS, 2006），并且通常继续依赖一种错误的假设，即增加公众对科学事实和过程的知识总体上来说会影响公众对科学的支持（"缺失模型"）(Bauer 等, 2007; Besley & Nisbet, 2013; Dozier & Ehling, 1992; Fischhoff, 1995）。科学家把"非告知性"（non-informing）目的置于较低的优先级上，比如培养公众对科学的兴奋感/兴趣，建立科学家与公众之间的信任，或对议题设置框架以引发共鸣（Besley 等, 2015; Dudo & Besley, 2016）。我们认为，科学家可以从把他们的科学传播目的多元化中获得益处，并且培训者应该帮助科学家加强那些需要明确地优先考虑的以及达到更广泛的传播目的的战略性技巧。

经验证据持续表明，公众拥有的科学知识在公众对科学议题的态度上只有适度的影响，并且增加公众对科学知识的工作不会改变他们的行为，或者增加对政策的支持力度（Allum, Sturgis, Tabourazi, Brunton-Smith, 2008; Holmes, 1996; Hon, 1998）。除了影响有限外，聚焦于对公众进行科学知识教育会以牺牲其他（可能更有效果的）传播目标为代价，比如设置框架、建立关系式信任，或者提升效能（Dudo & Besley, 2016; Yuan, Besley, Dudo, 2019）。公众对科学和科学家的信任更有可能源于与那些愿意倾听的亲切且有趣的科学家进行的高质量互动（Bauer 等, 2007; McComas, Arvai, Besley, 2009），因而改善科学传播的质量不只是与更好地解释科学事实有关，它还需要公众和科学家用公平且对等的方式来倾听和理解彼此的关切（Bauer 等, 2007; Einsiedel, 2002; Hamlett & Cobb, 2006; Nep & O'Doherty, 2013）。对信任开展的研究告诉我们，如果在关心其他人的需求方面有良好声誉，对那些寻求支持的人来说可能是有所帮助的（Fiske & Dupree, 2014），并且与信任有关的态度是和对科学的积极看法相关的（McComas & Besley, 2011）。所以，如果一个科学家出于改善世界这个核心愿望而对某个话题进行研究的话，那么优先通过语言和行动来向他们的受众传播这个心愿可能是有用的。激发出兴趣和兴奋感在刺激公众寻找未来的机会以学习和参与科学的动机方面可以发挥很大的作用（NRC，2008）。在塑造公众对科学的观点方面，那些让公众产生兴趣的努力可能位于核心地位，因为它们会驱动公众额外的关注，让他们熟悉与话题相关的目标设定，以及学习（Hidi & Renninger，2006），并且可以预测一个人是否会在认知上与相关素材互动，或者是否会因为缺少动机而在相关性或重要性方面忽视信息（Petty & Cacioppo，1986）。让科学家向公民表明他们的热情、专业知识和倾听的意愿可能会带来科学家与非科学家之间更有意义的互动，从而改善科学和科学家在公众眼中的形象（Bies，2005；Fiske & Dupree，2014；Lauber，1999；Webler，2013）。在影响公众的态度和行为方面，对科学话题设置框架以确保它们能引起选定的受众的共鸣也具有示范效果，尤其是对于科学传播而言（Hart，2011）。

为何在科学家优先考虑的目的与那些对实现他们的目标而言可能最有效的目的之间会存在脱节呢？教育公众是科学家认为他们最适合处理的目的（Besley 等，2015；Dudo & Besley，2016；Edmondston, Dawson, Schibeci，2010），并且他们认为自己在对公众展示热情或给议题设置框架方面的技能较差（Besley 等，2015）。或者说这里可能有伦理方面的担忧。科学家可能认为消除伪科学和教育公众更符合伦理，也符合科学的纯洁性（Besley 等，2015；Dudo & Besley，2016），并且可能担心努力表现得对公众温暖和关爱或者针对某个议题给受众设置框架会让他们看上去像是在操纵公众的想法（Besley 等，2015；Dudo & Besley，2016；Holland，2007）。

培训者可能需要帮助科学家更多地改变自己的观点，让他们认识到与受众建立关联的重要性，以及去除他们对伦理性的某些担忧。不论科学家是否把设置框架作为优先事项，在不以一种或多种方法对议题设置框架的方式来塑造信任的情况下进行科学传播是不太可能的（Fiske & Dupree，2014；Nisbet & Scheufele，2009），并且培训可能有助于避免公众把科学家看成冷淡或漠不关心的群体，或避免让公众认为科学家只会用与科学不相关的方式为议题设置框架。培训者可以在防止科学家对框架（以及源于传播学学术文献的其他术语）产生误解方面发挥作用。并且培训者可以给科学家提供科学传播方面的技能和信心，以让他们把除教育公众之外的科学传播目的多元化。

当传播者选择有社会科学研究成果支撑其有效性的传播目的时，更高质量的科学传播就会出现。如果科学家更深入地思考他们在前进过程中所作的选择，并避免那些并未植根于对他们的语言和行动的短期和长期影响的思考之上的临时性传播的话，那么科学家应该更有可能实现他们的传播目的。科学家对一个传播目的的重视程度的最佳预测指标就是，他们以前曾在多大程度上思考过这个目的，以及在多大程度上他们认为它是符合伦理的（Besley 等，2017a），因为很多人担心在科学传播中纳入战略会把不合乎伦理的广告或者公共关系带到科学的纯粹性之中。培训者也许能在为一个目的的伦理性提出强有力的理由上发挥作用。没有人可以讨论他们并不拥有的动机，假装自己正在参与，或者以在科学上并不真实的方式为议题设置框架。

虽然对更多数量的科学家 - 公众互动的呼吁不是什么新鲜事了（比如，Bodmer，1986；The Royal Society，1985），但是科学共同体的领袖仍在呼吁更高质量的科学传播（比如，Cicerone，2010；Leshner，2006，2015；Napolitano，2015；National Academy of Sciences，2012，2013；Pinholster，2015）。对科学家作为科学传播者的研究、科学家如何与公众互动以及驱动这些努力的变量为我们提供了一幅比较清晰的画面，但是对科学家的传播目的的研究表明，在把这种意愿转化成有效的行为方面，他们需要一些支持。在解决这种需求方面，培训者成了关键的渠道，因为他们有机会把传播学的学术成果和最佳实践与愿意向公众开展科学传播的科学家连接起来，并帮助他们思考战略性的传播方法，他们需要了解的不仅仅是科学家进行传播的频率和原因，还要理解他们希望达成什么传播目标（Hon，1998）。培训者可以把科学传播的努力指向具体且可预期的结果（对科学家、他们的机构以及他们的受众来说），并且帮助科学家设定较为多样化的传播目的和相关的策略（Besley & Tanner，2011；Yuan 等，2019）。然而，对科学家来说，传播目的可能难以界定，因为这些目的并不是他们的总体目标，也不是需要立即采取的行动。这就是传播学学术成果的意义所在，培训者可以利用这些成果，评估对不同类型的目标来说哪些短期的传播目的是恰当的，并且把它们与传播策略进行匹配，从而帮助科学家更具思考性和战略性地考虑他们面向公众的科学传播工作。

培训科学家进行科学传播

对科学家进行专业培训的历史及其发展

对于某些科学家来说，跟非专家讨论他们的研究似乎是自然而然的事情。但是对大多数科学家而言，公众传播技能既不是天生的，也不是他们努力去培养的。随着希望科学家更多参与科学公众传播的呼吁日益高涨（比如，Leshner, 2015），科学家该如何应对这种挑战？最佳的选择是，成为正在影响科学家–公众互动频率和质量的专业的科学传播培训者（Besley & Tanner, 2011）。虽然与公众接触更为频繁的群体（比如记者、管理者、健康专家）似乎要比科学家得到了更多的传播培训（Besley & Tanner, 2011），但是针对科学家的培训机会也日益增加（Besley 等, 2016; Brown, Propst, Woolley, 2004; Fahy & Nisbet, 2011; Gold, 2001; Miller 等, 2009; Ossola, 2014; Peters 等, 2008a, 2008b; Reddy 2009; Russell, 2006; Smith 等, 2013; Trench & Miller, 2012）。比如，2008 年建立的一个数据库就发现仅在北美洲就有超过 100 个科学传播培训项目（http://strategicsciencecommunication.com）。

这些项目的结构和课程各异，其中包括大学的课程，含有培训在内的研究员职位，旨在为科学家同公众互动提供支持的独立讲习班，与媒体从业人员合作，或者利用社交媒体。这些项目的时长从半天到一周不等，甚至更长，有时会拆分成很多环节。其中在美国那些最令人瞩目的例子就包括艾伦·艾尔达科学传播中心（Alan Alda Center for Communicating Science）、美国科学促进会公众参与科学和技术中心（Center for Public

Engagement with Science and Technology）以及 COMPASS 科学传播项目。

鉴于这些项目在科学家与公众进行科学传播方面发挥的关键作用，对这些项目的本质及其影响进行评估是有意义的。这种评估包括对其叙述性方面（比如，对项目员工的数量和专业程度进行比较，对受训者的人数和专业程度进行比较，等等）、概念性方面（比如，对课程中强调的话题进行比较，对课程的学习目标进行比较，等等）以及批判性方面（比如，对项目如何评估它们对受训者以及与受训者互动的利益相关者的贡献进行比较）进行考察。这些调查可以揭示不同项目着眼方向的相似性与差异性，从中总结出"最佳实践"的经验，探讨对其进行改进的可能。

我们的研究团队定期地考察了北美地区的科学传播培训生态系统。我们尤其感兴趣的是对这些项目的目标进行考察，特别是这些项目认为的战略性传播以及科学传播学术成果中获得的重要见解的重要程度。我们试图解决有关培训项目的很多研究问题，包括：①在他们的项目中，他们着眼于教授什么技能？②他们强调什么类型的传播目的和目标？③他们的方法吸纳了多少源于战略性传播研究的最佳实践？④科学家在这些科学传播培训项目中看到了什么价值？为了调查这些问题，我们对美国的科学传播培训者开展了定性的访谈（Besley 等，2016；Yuan 等，2017）。接下来我们会讨论从这些访谈中获得的关键发现，以及从一些其他传播研究人员开展的类似项目中浮现出来的观点。

源于对科学传播培训者的研究的关键发现

根据培训者的看法，科学家似乎是带着一些传播目标来开展他们的参与工作的，一般分为个人目标（比如，增加曝光率）或者社会目标（比如，主张某个具体政策）（Besley 等，2016）。然而，我们的研究发现，绝大多数培训都聚焦于向科学家强化培训者认为最重要的目的：传播知识（Besley 等，2016）。在我们的访谈中，绝大多数培训者在没有提示的情况下仅仅提到了传播知识这个目的。他们很少在不被提示的情况下谈及其他的传播目的（如建立信任、传播共同价值），并且培训课程也很少纳入这些其他的目的，即便培训者意识到了这些目的的重要性（Yuan 等，2017）。如上所述，我们在对科学家的调查中也发现了类似的结果，这些调查表明科学家在他们科学传播活动中的主要目的是把科学知识告知给公众以及防范科学上的错误信息（Dudo & Besley，2016）。非美国的研究也反映了培训者对传播知识的强调——这些项目着眼于提升科学家更好地向公众解释科学现象（共享知识）的技能（Trench，2012；Trench & Miller，2012）。我们的另一项研究发现，科学家在过去是否接受过培训，以及他们是否认为自己具有传播的技能，与他们把哪些传播目的置于优先地位没有什么关系（Besley 等，2017a）。这是值得注意的，我们希望拥有更多传播技能和受过培训的科学家可以为他们的参与活动确定更多元化的传播目的。我们团队近期的另外一项研究发现，科学传播学者要比科学家更重视对参与的设计，以促进科学家–公众对话（Yuan 等，2019）。这意味着在传播学者认为培训者应该在传播方面教授科学家什么与专业培训者实际上在传播方面教授了科学家什么之间可能存在着脱节。

  科学产生知识，而对知识进行共享则构成了科学传播的核心。然而帮助公众与科学建立关系的目的也有其价值（比如，促进公众对科学的兴奋感，建立公众对科学共同体的信任，或者对人们如何看待特定议题进行重构）。但是从优先性上来说，在科学家看来，这些"非知识性的目的"要比传播有关他们科学研究的成果低很多（Dudo & Besley，2016），并且很少有培训者在访谈中明确地提及这些非知识性目的（Besley 等，2016）。然而，培训者还说，他们相信他们培训的很多科学家都想促进公众对科学的支持（Besley 等，2016）。这在聚焦于科学信息的成功传播以增加公众的支持这个逻辑方面是存在着明显问题的：有证据表明，在科学知识和科学相关的态度方面存在着极小的相关性，虽然是正相关的（Allum 等，2008）。来自社会科学和科学传播研究子领域的大量学术文献详尽地叙述了提升公众对科学的积极认识需要的不仅仅是改善公众知识方面的缺失（Fischoff & Scheufele，2014）。

我们的访谈还表明，科学传播培训者在他们的课程中强调了一些具体的传播战术技巧（Besley 等，2016）。科学家在这些培训中得到的大多数建议往往都是通过移除专业术语、提高演讲技巧，讲故事以及磨炼与利用传播技术（如视频、音频、网络出版）等方法来提高信息的清晰度（Baron，2010；Besley 等，2016；Hayes & Grossman，2006；Olson，2009，2015）。此外，大多数培训在性质上占主导地位的都是"新闻性的"（如聚焦于技能），只有最小量的"战略性的"。也就是说，培训较少地聚焦于帮助科学家决定他们进行参与的目标和目的，找到目标受众，以及选择恰当的传播策略。非美国的研究也回应了这个模式；科学家对实用的传播技巧培训的喜欢程度要超过对强调科学话语的培训的喜欢程度（Miller, Fahy, The ESConet，2009）。培训所提供的技能是与培训者表明他们优先选择的传播目的和目标相脱节的（Besley 等，2016；Yuan 等，2017）。科学传播学者建议，要用有关基本传播学理论和模型的信息作为传播技能培训的补充（Besley & Tanner，2011；Yuan 等，2019）。

当科学传播培训项目聚焦于加强与传播目的相脱节的不连续的传播技能时，可能会导致他们脱离战略来改善技能。相关的担忧就是，科学传播培训者过多地着眼于加强科学家的科学传播能力，而忽视了选择具体的传播目标——理论和证据表明这些具体的传播目的有助于科学家实现他们长期的传播目标。所以，虽然目前的培训项目可能有助于科学家成为在技术上更加娴熟的传播者，但是他们可能会用毫无效果的方式来进行传播。往好了说，这是效率低下的，也是在浪费时间；往坏了说，这会损害科学本身的声誉。教授技能可能是这些项目的重点，因为抽象的、聚焦于理论的话题教授起来更加有挑战性，并且更难以与科学家同公众的实际互动关联起来（Miller 等，2009），尽管培训者认为基于技能的素材更容易开发也更能带来益处（Miller 等，2009）。

像新闻培训一样来对待科学传播培训也会带来伦理方面的问题。虽然记者和科学家有很多共同价值观念，比如致力于追求真理，但是认为作为传播者的科学家不是根据他们希望达到什么影响来选择传播什么，这似乎是不诚实的。科学家通常在他们要传播什么这一方面有着直接的兴趣。记者不应该推动有限的具体政策立场（Kovach & Rosenstiel, 2014），但是与公众进行交流的科学家却拥有以科学为重点的传播目标（Besley 等, 2016）。因为科学传播者不是科学记者，所以强调新闻技能的培训可能是不太恰当的，或者至少也是狭隘的。当面向科学家的传播培训课程超越了传达新闻技能并且把像公共关系（Broom & Dozier, 1986；Dozier & Broom, 1995；Grunig & Grunig, 1989；Hon, 1998）和心理学（Locke & Latham, 1990, 2002, 2006）这些其他领域已经得到公认的洞见融入进来时，它才可能是更恰当且有效的。

那么这些发现如何变成实践呢？可以通过科学传播培训项目帮助科学家多元化或扩展他们的传播工作所拥有的传播目的。就像在餐厅中提供一个具有多元化餐品种类以供人们选择和享用的更丰富的菜单一样，帮助科学家以同样的方式意识到他们的参与努力可以实现多元目的而非单一目的可能会更加有吸引力和裨益（Besley 等, 2016）。在我们进行研究的时候，科学传播培训似乎不太重视帮助科学家实现他们谋求的信息共享这个传播结果。为解决这种脱节，培训者可以尝试对培训工作进行定制，并使其与一个科学家置于优先地位的具体传播目的的保持一致。这通常意味着培训者需要帮助科学家理解他们可用的不同类型的目标和目的，并帮助科学家找到哪些目标 / 目的是最适合他们谋求的。我们的访谈还表明，培训者很少帮助科学家找出那些最适合他们传播类型的目标和目的（Besley 等, 2016）。

对于科学家来说，以自然而然的方式和积极乐观的态度进行传播通常是比较容易的。这种知识共享式的传播通常是较大的科学生态系统可以带来回报的传播类型。比如，全球的科学资助机构把重点放在了改善研究者向非学术受众传播他们的研究结果的能力上（Palmer & Schibeci, 2014），而非与公众成员进行对话，或者展示他们的参与行为的影响力。研究表明，更愿意参与的科学家，认为参与会带来改变的科学家以及认为自己的传播目的与伦理有关的科学家更愿意接受战略性的传播培训（Besley 等, 2015）。具备这些敏感性的科学家可能更愿意更加战略性地从事科学传播。

战略性思维意味着要意识到我们的传播选择会对公众产生真正的影响。在演讲之后留出时间开展讨论，讨伐那些与自己观点不同的人，或者把所有的分歧都归为一场"战争"这些行为都会影响公众对科学家（和科学）的态度（Hardy, Tallapragada, Besley, Yuan, 2019）。有一种风险在于，某些科学家把具有战略性误解为不诚实，但是我们认为有效的战略性科学传播依赖于真实性，就像它所展示的科学那样真实又客观。有道德的科学传播培训者不会鼓励像假装热情、假装倾听或设置不恰当的框架这样的行为。

总之，科学传播者和科学传播培训者在关键技能方面已经提供了良好的培训。他们通常着眼于那些有可能影响像信任这样的因素的特定策略，即便这些策略没有与传播目的建立起明确的关联。利用易懂的语言以及从对话中移除专业术语可能确实有助于传播这样一种观念，即科学家足够关心他们的受众，他们付出了额外的努力以让自己的研究能被受众所理解。讲故事不仅仅是传达信息的一种方式，它还代表着一种社会行为。当科学家和公众之间有更高质量的互动时，有效的公众参与才更有可能出现。科学家–受众关系的质量越好，获得相互满意结果的可能性越大。内容很重要，但当一个信息交流互换的健康动力机制存在时，它就不那么重要了。我们的访谈表明，科学传播培训共同体已经做了非常有意义的工作。把作为基础的战略性传播实践与源自社会科学研究的洞见整合起来会丰富他们对改善科学传播的贡献。

未来的方向

需要开展的研究

总体来说，我们需要对科学传播培训项目开展更多的研究。尽管我们对促使科学家参与科学传播的因素的研究更加成熟一些，但是仍需要继续跟踪我们对培训者进行的质性研究工作中浮现出来的大量有趣的探索性故事。这些研究可以考察科学传播者可用的培训项目的类型和范围，从而考察他们教授了什么，为何教授这些，他们利用了什么教育资源，以及他们采用了什么培训技术。还需要评估这些培训项目对个体科学家和他们意欲进行传播的受众产生了什么样的横向和纵向影响。受过培训的科学家认为他们有所进步吗？如果他们认为自己有所进步，那么他们是如何取得进步的？与他们进行交流的受众认为受过培训的科学家与未受过培训的科学家有所不同吗？受过培训的科学家更温暖、更体贴、更值得信赖吗？如果是这样的话，这些人对科学思想是更加顺从还是开放？我们还要开展研究以调查科学家如何看待培训，以及是什么因素影响了他们决定是否参与培训。也许有一些组织性因素、社会人口因素或其他因素使得科学家或多或少可能看到了培训的价值并且参加到科学传播培训项目之中来。研究科学家如何对期望实现他们预期目的的具体策略做出回应可能也是有用的。如果他们想要优先考虑某一个传播目的，那么他们有想过怎么做才能实现那个传播目的吗？

我们再次澄清，我们的研究只是考察了位于北美洲的培训者，我们并不认为这其中的发现可以推广到全球范围，未来还需要开展更多的研究，以调查不同群体之间有哪些可能的文化差异。我们还需更多地了解代表性不足的群体，无论是受众成员还是作为传播者的科学家。代表性不足的群体对科学传播的参与非常有限，并且由于对文化帝国主义和他们本身的弱势地位，他们被排除在外了（Dawson, 2018）。我们需要重新界定当前狭隘且边缘化的科学传播"受众"（Dawson, 2018）。我们需要开展研究和实践工作以发现结构性不平等的影响，并确定科学传播过程中排斥和包容的位置（Dawson, 2018）。

对培训者的启示

在让科学家除填补知识空白这个目的之外把其目的多元化这方面，我们可能希望他们在与其更远大的目标相一致方面接受具体的科学传播目的。如果我们希望科学传播培训者接受战略传播，那么培训者将从支持中受益，帮助他们在总体的、长期的目标框架内提供培训，并在此过程中实现中期目标。科学传播学术成果也有助于为培训者提供从具体目的和长期目标到行动的路径，从而使得科学家以超越教育公众之外的方式进行传播。从这些路径开始，我们就可以建立起一种把科学传播活动的策略、目标和目的关联起来的类型学。这种类型学会具有奠基作用，协助科学家把自己的目标同需要在实现这些目标的过程中达到目的所需的技能与传播活动匹配起来，帮助培训者制定"课程表"。通过这种方式，他们可以把对实现这些具体目的和最终目标的技能的培训放在优先地位。

培训者可能还可以把科学家同展现这些目的的现实机遇关联起来。一项研究表明，如果能够通过博物馆与青年人进行反复接触，那么科学家就愿意为实现让年轻受众参与进来这个目的而参加培训（Selvakumar & Storksdieck, 2013）。这表明，如果培训者能够把科学家与实现他们目的的真实机遇关联起来的话，科学家可能更愿意看到那些为他们的这些遭遇而准备的培训的价值。

说易行难，我们需要理解向战略性传播转变中可能出现的挑战。有可能的原因是，科学家和培训者选择知识建构而舍弃其他（可能更有效的）目的，我们需要更好地理解科学家和培训者对不同目标和目的的看法。培训者可能会教授更多的技能，因为它们容易实现，或者他们认为自己可以让科学家快速见到培训效果（比如移除专业术语），从而使得培训者选择了满足无效果的目的的策略，而非选择更抽象且不太（被认知到的）容易实现的目的，比如建立信任。培训者可能对教授作为实现科学家目标的路径的特定目的感到不舒服（伦理上）或者不熟悉（技能）。我们需要面对这些挑战和担忧，或者帮助科学家找到实现其目标的替代路径。

我们需要更有意义的研究者 – 实践者伙伴关系。在我们看来，培训者和社会科学家形成了理解、监测和最大化培训力度的伙伴关系。科学传播从业者可能在他们的领域中与相关的文献存在脱节（Miller, 2008），对培训者的定性访谈表明，他们的行动并未基于传播学学术成果的最佳实践（Besley 等，2016）。我们还需要为从业者提供他们可以使用的源于研究的更具体且实用的工具。比如，不再把研究成果隐藏在学术期刊中，而是利用有关科学传播最佳实践的开放存储的多媒体工具传播这些成果，同科学传播培训者共享这些信息。为让这种伙伴关系奏效，研究共同体也必须关注从业者的研究需求。

参考文献

Ajzen, I. (2017). Icek Ajzen: Theory of planned behavior. Retrieved from http://people.umass.edu/aizen/tpb.html

Allum, N. C., Sturgis, P., Tabourazi, D., & Brunton-Smith, I. (2008). Science knowledge and attitudes across cultures: A meta-analysis. *Public Understanding of Science, 17*(1), 35–54.

Bailey, I. (2010). Creating a climate for change: Communicating climate change and facilitating social change – By Susanne C. Moser and Lisa Dilling. *Area, 42*(1), 133–134.

Bauer, M. W., Allum, N., & Miller, S. (2007). What can we learn from 25 years of PUS survey research? Liberating and expanding the agenda. *Public Understanding of Science, 16*(1), 79–95.

Bauer M. W. & Jensen, P. (2011). The mobilization of scientists for public engagement. *Public Understanding of Science, 20*(1), 3–11.

Baron, N. (2010). *Escape from the ivory tower: A guide to making your science matter*. Washington, DC: Island Press.

Bentley, P., & Kyvik, S. (2011). Academic staff and public communication: A survey of popular science publishing across 13 countries. *Public Understanding of Science, 20*, 48–63.

Besley, J. C. (2014). What do scientists think about the public and does it matter to their online engagement? *Science and Public Policy, 42*(2), 201–214.

Besley, J. C., Dudo, A., & Storksdieck, M. (2015). Scientists' views about communication training. *Journal of Research in Science Teaching, 52*(2), 199–220.

Besley, J. C., & Nisbet, M. (2013). How scientists view the public, the media and the political process. *Public Understanding of Science, 22*(6), 644–665.

Besley, J. C., & McComas, K. A. (2014). Fairness, public engagement and risk communication. In J. L. Arvai, & L., Rivers, (Eds.), *Effective Risk Communication* (pp. 108–123). New York, NY: Routledge/Earthscan.

Besley, J. C., & Tanner, A. H. (2011). What science communication scholars think about training scientists to communicate. *Science Communication*, *33*(2), 239-263.

Besley, J. C., Oh, S. H., & Nisbet, M. (2013). Predicting scientists' participation in public life. *Public Understanding of Science*, *22*(8), 971-987.

Besley, J. C., Dudo, A. D., Yuan, S., & Abi Ghannam, N. (2016). Qualitative interviews with science communication trainers about communication objectives and goals. *Science Communication*, *38*(3), 356-381.

Besley, J. C., Dudo, A., Yuan, S., & Lawrence, F. (2018). Understanding Scientists' Willingness to Engage. *Science Communication*, *40*(5), 559-590.

Besley, J. C., & Oh, S.-H. (2013). The combined impact of attention to the Deepwater Horizon oil spill and environmental worldview on views about nuclear energy. *Bulletin of Science, Technology & Society*, *33*, 158-171.

Biegelbauer, P., & Hansen, J. (2011). Democratic theory and citizen participation: Democracy models in the evaluation of public participation in science and technology. *Science and Public Policy*, *38*(8), 589-597.

Bies R. J. (2005). Are procedural justice and interactional justice conceptually distinct? In J. Greenberg & J. A. Colquitt, (Eds.), *Handbook of Organizational Justice* (pp. 59-85). Mahwah, NJ: Lawrence Erlbaum Associates.

Bik, Holly M. & Miriam C. Goldstein. 2013. An Introduction to Social Media for Scientists. *PLoS Biology*, *11*, e1001535.

Bodmer, W. (1986). *The public understanding of science* (17th J. D. Bernal Lecture). Birkbeck College, London, England.

Boudet, H., Clarke, C., Bugden, D., Maibach, E., Roser-Renouf, C., & Leiserowitz, A. J. E. P. (2014). "Fracking" controversy and communication: Using national survey data to understand public perceptions of hydraulic fracturing. *Energy Policy*, *65*, 57-67.

Broom, G. M., & Dozier, D. M. (1986). Advancement for public relations role models. *Public Relations Review*, *12*(1), 37-56. doi:10.1016/S0363-8111(86)80039-X

Brossard, D., & Scheufele, D. A. (2013). Science, new media, and the public. *Science*, *339*(6115), 40-41.

Brown, C. P., Propst, S. M., & Woolley, M. 2004. Report: Helping Researchers Make the Case for Science. *Science Communication*, *25*, 294–303.

Cicerone, R. J. (2006). Celebrating and rethinking science communication. *The National Academy of Science: In Focus*, *6*(1–2). Retrieved from www.infocusmagazine.org/6.3/president.html

Cicerone R. (2010). Ensuring integrity in science. *Science*, *327*(5966), 624. pmid:20133539

Corner, A., Markowitz, E., & Pidgeon, N. (2014). Public engagement with climate change: The role of human values. *Wiley Interdisciplinary Reviews: Climate Change*, *5*(3), 411–422.

Corrado, M., Pooni, K., & Hartfee, Y. (2000). The role of scientists in public debate. Retrieved from www.wellcome.ac.uk/About-us/Publications/Reports/Publicengagement/wtd003429.htm

Crettaz von Roten, F. (2011). Gender differences in scientist's public outreach and engagement activities. *Science Communication*, *33*, 52–75.

Davies, S. R. (2008). Constructing communication: Talking to scientists about talking to the public. *Science Communication*, *29*(4), 413–434.

Darling, Emily. (2014). It's Time for Scientists to Tweet. *The Conversation*. Retrieved from: https://theconversation.com/its-time-for-scientists-to-tweet-14658.

Dawson, E. (2018). Reimagining publics and (non) participation: Exploring exclusion from science communication through the experiences of low-income, minority ethnic groups. *Public Understanding of Science*, *27*(7), 772–786.

Dean, C. (2009). *Am I making myself clear? A scientist's guide to talking to the public*. Cambridge, MA: Harvard University Press.

Department of Science and Technology: South Africa. (2014). Science engagement framework. Retrieved from www.saastec.co.za/science%20engagement%20framework %20final%20approved%20version.pdf

Delborne, J., Schneider, J., Bal, R., Cozzens, S., & Worthington, R. 2013.Policy Path-ways, PolicyNetworks, and Citizen Deliberation: Disseminating the Results of World Wide Views on Global Warming in the USA. *Science and*

Public Policy, 40, 378–392.

Delli Carpini, M. X., Cook, F. L., & Jacobs, L. R. (2004). Public deliberation, discursive participation, and citizen engagement: A review of the empirical literature. *Annual Review of Political Science, 7*, 315–344.

DiBella, Suzan M., Ferri, Anthony J., & Padderud, Allan B. (1991). 'Scientists' Reasons for Consenting to Mass Media Interview: A National Survey.' *Journalism Quarterly, 68*, 740–749.

Donner, S. D. (2014). Finding your place on the science-advocacy continuum: An editorial essay. *Climatic Change, 124*(1), 1–8.

Dozier, D. M., & Broom, G. M. (1995). Evolution of the manager role in public relations practice. *Journal of Public Relations Research, 7*(1), 3–26. doi:10.1207/s1532754xjprr0701_02.

Dozier D. M., & Ehling W. P. (1992). Evaluation of public relations programs: What the literature tells us about their effects. In J. Grunig (Ed.), *Excellence in public relations and communications management* (pp. 159–184). Hillsdale, NJ: Lawrence Erlbaum.

Dudo, A. (2013). Toward a model of scientists' public communication activity: The case of biomedical researchers. *Science Communication, 35*, 476–501.

Dudo, A., & Besley, J. C. (2016). Scientists' prioritization of communication objectives for public engagement. *PloS One, 11*(2).

Dudo, A., Besley, J., Kahlor, L. A., Koh, H., Copple, J., & Yuan, S. (2018). Microbiologists' Public Engagement Views and Behaviors. *Journal of Microbiology & Biology Education, 19*(1).

Dudo, A., Kahlor, L., Abi Ghannam, N., Lazard, A., & Liang, M.-C. (2014). An analysis of nanoscientists as public communicators. *Nature Nanotechnology, 9*, 841–844.

Dunwoody, S., Brossard, D., & Dudo, A. (2009). Socialization or rewards? Predicting U.S. scientist-media interactions. *Journalism & Mass Communication Quarterly, 86*, 299–314.

Ecklund, E. H., James, S. A., & Lincoln, A. E. (2012). How academic biologists and physicists view science outreach. *PLoS One, 7*, e36240.

Edmondston, J., Dawson, V., & Schibeci, R. (2010). are students prepared to communication? A case study of an Australian degree course in biotechnology. *International Journal of Science and Mathematics Education*, *8*(6), 1091–1108.

Einsiedel, E. F. (2002). Assessing a controversial medical technology: Canadian public consultations on xenotransplantation. *Public Understanding of Science*, *11*(4), 315–331.

Einsiedel, E. F. (2014). Publics and Their Participation in Science and Technology: Changing Roles, Blurring Boundaries. In B. Trench & M. Bucchi, (Eds.), *Routledge Handbook of Public Communication of Science and Technology*. Abingdon, Oxon: Routledge.

European Union. (2002). Science and society: Action plan. Luxembourg: Office for Official Publications of the European Communities.

Fahy, D. (2015). *The new celebrity scientists: Out of the lab and into the limelight*. Lanham, MD: Rowman & Littlefield.

Fahy, D., & Nisbet, M. C. (2011). The science journalist online: Shifting roles and emerging practices. *Journalism*, *12*(7), 778–793.

Fischhoff, B. (1995). Risk perception and communication unplugged: Twenty years of process. *Risk Analysis*, *2*, 137–144.

Fischhoff, B., & Scheufele, D. A. (2014). The science of science communication II. *Proceedings of the National Academy of Sciences of the United States of America*, *111*(Supplement 4), 13583–13584.

Fiske, S. T., Cuddy, A. J. C., & Glick, P. (2007). Universal dimensions of social cognition: Warmth and competence. *Trends in Cognitive Sciences*, *11*, 77–83.

Fiske, S. T., & Dupree, C. (2014). Gaining trust as well as respect in communicating to motivated audiences about science topics. *Proceedings of the National Academy of Sciences of the United States of America*, *111*(Supplement 4), 13593–13597.

Funk, C (2017) Mixed messages about public trust in science. Pew Research Center. Retrieved 3 March 2018 from www.pewinternet.org/2017/2012/2008/mixed-messages-about-public-trust-in-science/

Gascoigne, T., & Metcalfe, J. (1997). Incentives and impediments to scientists communicating through the media. *Science Communication*, *18*, 265-282.

Gifford, R. (2011). The dragons of inaction: Psychological barriers that limit climate change mitigation and adaptation. *American Psychologist*, *66*(4), 290-302.

Gold, B. D. (2001). The Aldo Leopold Leadership Program – Training Environmental Scientists to be Civic Scientists. *Science Communication*, *23*, 41-49.

Grunig J. E., & Grunig L. A. (1989). Toward a theory of public relations behavior in organizations: Review of a program of research. In J. E. Grunig & L. A. Grunig (Eds.), *Public relations research annual* (Vol. I, pp. 27-66). Hillsdale, NJ: Lawrence Erlbaum Associates.

Grunig, J. E., & Grunig, L. A. (2008). Excellence theory in public relations: Past, present, and future. In A. Zerfass, B. Ruler & K. Sriramesh (Eds.), *Public relations research* (pp. 327-347). Wiesbaden, Germany: VS Verlag für Sozialwissenschaften.

Grunig, J., & Hunt, T. (1984). *Managing public relations*. New York, NY: Holt, Rinehart & Winston.

Hamlett, P. W., & Cobb, M. D. (2006). Potential solutions to public deliberation problems: Structured deliberations and polarization cascades. *Policy Studies Journal*, *34*(4), 629-648.

Hamlyn, B., Shanahan, M., Lewsi, H., O'Donoghue, T., & Burchell, K. (2015). Factors affecting public engagement by researchers: A study on behalf of a consortium of UK public research funders. Retrieved from www.wellcome.ac.uk/stellent/groups/corporatesite/@msh_grants/documents/web_document/wtp060033.pdf

Hart, P. S. (2011). One or many? The influence of episodic and thematic climate change frames on policy preferences and individual behavior change. *Science Communication*, *33*(1), 28-51.

Hayes, R., & Grossman, D. (2006) *A Scientist's Guide to Talking with the Media: Practical Advice from the Union of Concerned Scientists*. New Brunswick, NJ:

Rutgers University Press.

Hidi, S., & Renninger, K. A. (2006). The four-phase model of interest development. *Educational Psychologist, 41*(2), 111–127.

Holland, E. (2007). The risks and advantages of framing science. *Science, 317*(5842), 1168–1170.

Holmes, P. A. (1996, April). Evaluation: What is more important than who. *Inside PR*, 2.

Hon, L. C. (1998) Demonstrating effectiveness in public relations: Goals, objectives, and evaluation. *Journal of Public Relations Research, 10*, 103–135.

Holt, R. D. (2015). Why science? Why AAAS? *Science, 347*, 807–807.

Jensen, P. (2011). A statistical picture of popularization activities and their evolutions in France. *Public Understanding of Science, 20*, 26–36.

Jia, H., & Liu, L. (2014). Unbalanced progress: The hard road from science popularisation to public engagement with science in China. *Public Understanding of Science, 23*, 32–37.

Kendall, R. L. (1992) *Public Relations Campaign Strategies: Planning for Implementation*. New York, NY: HarperCollins.

Kiernan, V. (2003). Diffusion of news about research. *Science Communication, 25*(1), 3–13.

Kovach B., Rosenstiel T. (2014). *The elements of journalism: What newspeople should know and the public should expect* (Rev. updated 3rd ed.). New York, NY: Three Rivers Press.

Kreimer, P., Levin, L., & Jensen, P. (2011). Popularization by Argentine researchers: The activities and motivations of CONICET scientists. *Public Understanding of Science, 20*, 37–47.

Kyvik, S. (2005). Popular science publishing and contributions to public discourse among university faculty. *Science Communication, 26*, 288–311.

Lauber, T. B. (1999). Measuring fairness in citizen participation: a case study of moose management. *Society & Natural Resources, 12*(1): 19–37.

Lapinski, M. K., & Rimal, R. N. (2005). An explication of social norms. *Communication Theory, 15*, 127–147.

Lee, C.-J., Scheufele, D. A., & Lewenstein, B. V. 2005. Public Attitudes Toward Emerging Technologies: Examining the Interactive Effects of Cognitions and Effect on, Public Attitudes Toward Nanotechnology. *Science Communication*, *27*, 240–267.

Leshner, A. I. (2006). Science and public engagement. *The Chronicle of Higher Education*. Retrieved from http://chronicle.com/article/SciencePublic-Engagement/25084

Leshner, A. I. (2007). Outreach training needed. *Science*, *315*, 161.

Leshner, A. I. (2015). Bridging the opinion gap. *Science*, *347*(6221), 459. doi:10.1126/science.aaa7477

Leshner, A. I. (2003). Public engagement with Science. *Science*, *299*(5609), 977. Pmid:12586907

Liang, X., Su, L. Y. F., Yeo, S. K., Scheufele, D. A., Brossard, D., Xenos, M., … & Corley, E. A. (2014). Building Buzz: (Scientists) Communicating Science in New Media Environments. *Journalism & Mass Communication Quarterly*, *91*(4), 772–791.

Linett, P., Kaiser, D., Durant, J., Levenson, T., & Wiehe, B. (2014). The evolving culture of science engagement. An exploratory of the Massachusetts institute of technology and culture kettle. Report of Findings: September 2013 workshop.

Locke, E. A., & Latham, G. P. (1990). *A theory of goal setting and task performance*. Englewood Cliffs, NJ: Prentice Hall.

Locke, E. A., & Latham, G. P. (2002). Building a practically useful theory of goal setting and task motivation. *American Psychologist*, *57*, 705–717. doi:10.1037//0003-066X.57.9.705

Locke, E. A., & Latham, G. P. (2006). New directions in goal-setting theory. *Current Directions in Psychological Science*, *15*(5), 265–268. doi:10.1111/j.1467-8721. 2006.00449.x

Marcinkowski F., Kohring M., Fürst S., & Friedrichsmeier A. (2013). Organizational influence on scientists' efforts to go public: An empirical investigation. *Science Communication*, *36*, 56–80.

Martín-Sempere, M. J., Garzón-Garcia, B., & Rey-Rocha, J. (2008). Scientists' motivation to communicate science and technology to the public: Surveying participants at the Madrid Science Fair. *Public Understanding of Science, 17*, 349–367.

McComas. K. A., & Besley J. C. (2011). Fairness and nanotechnology concern. *Risk Analysis, 31*(11): 1749–1761.

Meredith, D. (2010). *Explaining Research: How to Reach Key Audiences to Advance Your Work*. New York, NY: Oxford University Press.

Miller, S. (2008). So where's the theory? On the relationship between science communication practice and research. In D. Cheng, M. Claessens, N. R. J. Gascoigne, J. Met-calfe, B. Schiele, & S. Shi (Eds.), *Communicating science in social contexts* (pp. 275–287). New York, NY: Springer Science + Business Media.

Miller, S., Fahy, D., & The ESConet Team. (2009). can science communication workshops train scientists for reflexive public engagement? The ESConet experience. *Science Communication, 31*(1), 116–126.

Milkman, K. L., & Berger, J. (2014). The science of sharing and the sharing of science. *Proceedings of the National Academy of Sciences, 111*(Suppl. 4), 13642–13649.

Napolitano J. (2015). Why more scientists are needed in the public square. The Conversation. Retrieved from https://theconversation.com/why-more-scientists-are-needed-in-the-public-square-46451

National Academy of Sciences. (2012). The science of science communication. Retrieved from www.nasonline.org/programs/sackler-colloquia/completed_colloquia/science-communication.html

National Academy of Sciences. (2013). The science of science communication II. Retrieved from www.nasonline.org/programs/sackler-colloquia/completed_colloquia/agenda-science-communication-II.html

National Research Council. (2008). *Public participation in environmental assessment and decision making*. Washington, DC: National Academy Press.

National Science Board. (2014, July). Chapter 7, Science and technology: Public attitudes and public understanding. Science and engineering indicators.

Retrieved from http://www.nsf.gov/statistics/seind12/

Nep, S., & O'Doherty, K. (2013). Understanding public calls for labeling of genetically modified foods: Analysis of a public deliberation on genetically modified salmon. *Society & Natural Resources, 26*(5), 506–521.

Olson, R. (2009). *Don't be such a scientist: Talking substance in an age of style*. Washington, DC: Island Press.

Olson, R. (2015). *Houston, we have a narrative: Why science needs story*. Chicago: University of Chicago Press.

Ouellette, J. A., & Wood, W. (1998). Habit and intention in everyday life: The multiple processes by which past behavior predicts future behavior. *Psychological Bulletin, 124*(1), 54.

Ossola, A. 2014. How Scientists are Learning to Write. *The Atlantic*, December 12.

Owens, S. 2014. How Reddit Created the World's Largest Dialogue Between Scientists and the General Public. *Tech, Media, and Marketing*. Retrieved on December 9, 2014 from www.simonowens.net/how-reddit-created-the-worlds-largest-dialogue-between-scientists-and-the-general-public

Palmer, S. E., & Schibeci, R. A. (2014). What conceptions of science communication are espoused by science research funding bodies?. *Public Understanding of Science, 23*(5), 511–527.

Pearson, G. (2001). Participation of scientists in public understanding of science activities: The policy and practice of the U.K. Research Councils. *Public Understanding of Science, 10*, 121–137.

Peters, H. P. (2013). Gap between science and media revisited: Scientists as public communicators. *Proceedings of the National Academy of Sciences of the USA, 110*, 14102–14109.

Peters, H. P., Brossard, D., de Cheveigne, S., Dunwoody, S., Kallfass, M., Miller, S., & Tsuchida, S. (2008a). Science-media interface: It's time to reconsider. *Science Communication, 30*, 266–276.

Peters, H. P., Brossard, D., de Cheveigne, S., Dunwoody, S., Kallfass, M., Miller, S., & Tsuchida, S. (2008b). Science communication: Interactions with the mass media. *Science, 321*, 204–205.

Petersen, A., Anderson, A., Allan, S., & Wilkinson, C. (2009). Opening the black box: Scientists' views on the role of the news media in the nanotechnology debate. *Public Understanding of Science*, *18*(5), 512–530.

Petty, R. E., & Cacioppo, J. T. (1986). The elaboration likelihood model of persuasion. Springer Pew Research Center for the People & the Press. (2008, August). Audience segments in a changing news environment: Key news audiences new blend online and traditional sources. Retrieved from http://people-press.org/reports/pdf/444.pdf

Pew Research Center. (2009). Public praises science; scientists fault public, media. Retrieved January 3, 2015 from www.people-press.org/2009/07/09/public-praises-science-scientists-fault-public-media/.

Pew Research Center. (2015, January). Public and Scientists Views on Society.

Phillips, D. P., Kanter, E. J., Bednarczyk, B., & Tastad, P. L. (1991). Importance of the lay press in the transmission of medical knowledge to the scientific community. *New England Journal of Medicine*, *325*(16), 1180–1183.

Pinholster G. (2015). AAAS unveils Alan I. Leshner Leadership Institute. American Association for the Advancement of Science Newsroom. Retrieved from www.aaas.org/news/aaas-unveils-alan-i-leshner-leadership-institute

Pielke, R. A. (2007). *The honest broker: Making sense of science in policy and politics*. New York: Cambridge University Press.

Poliakoff, E., & Webb, T. L. (2007). What factors predict scientists' intentions to participate in public engagement of science activities. *Science Communication*, *29*(2), 242–263.

Priest, S. (2008). Biotechnology, nanotechnology, media, and public opinion. In K. David & P. B. Thompson (Eds.), *What can nanotechnology learn from biotechnology? Social and ethical lessons for nanoscience from the debate over agrifood biotechnology and GMOs* (pp. 221–234). Burlington, MA: Elsevier.

Rainie, L., Funk, C., Anderson, M. (2015). How scientists engage the public. Retrieved from www.pewinternet.org/2015/02/15/how-scientists-engage-public/

Real Time with Bill Maher. (2015, August). Real Time with Bill Maher: Dr. Michael

Mann on Climate Change – August 7, 2015 (HBO) [Video File]. Retrieved from www.youtube.com/watch?v=nZ2cCPRS-Q8

Reddy C. (2009). Scientist citizens. *Science, 323*(5929): 1405.

Rice, R. E., & Atkin, C. K. (2013). *Public communication campaigns* (4th edition). Thousand Oaks, CA: SAGE.

Rödder, S. (2012). The ambivalence of visible scientists. In S. Rödder, M. Franzen & P. Weingart (Eds.), *The sciences' media connection: Public communication and its repercussions* (pp. 155–177). Dordrecht, Netherlands: Springer.

Rowland, Frank S. (1993). President's Lecture: The Need for Scientific Communication with the Public. *Science, 260*, 1571–1576.

The Royal Society. (1985). *The public understanding of science* ("The Bodmer Report"). London, UK: The Royal Society.

Russell, Christine. (2006). Covering Controversial Science: Improving Reporting on Science and Public Policy. Joan Shorenstein Center on the Press, Politics and Public Policy.

Saunders, M. E., Duffy, M. A., Heard, S. B., Kosmala, M., Leather, S. R., McGlynn, T. P., ... & Parachnowitsch, A. L. (2017). Bringing ecology blogging into the scientific fold: measuring reach and impact of science community blogs. *Royal Society Open Science, 4*(10), 170957.

Selvakumar, M., & Storksdieck, M. (2013). Portal to the public: Museum educators collaborating with scientists to engage museum visitors with current science. *Curator: The Museum Journal, 56*(1), 69–78.

Shema, H., Bar-Ilan, J., & Thelwall, M. (2014). Do blog citations correlate with a higher number of future citations? Research blogs as a potential source for alternative metrics. *Journal of the Association for Information Science and Technology, 65*(5), 1018–1027.

Smith, B., Baron, N., English, C., Galindo, H., Goldman, E., McLeod, K., ... , & Neeley, E. 2013. 'COMPASS: Navigating the Rules of Scientific Engagement.' *PLoS Biology, 11*, e1001552.

Torres-Albero, C., Fernandez-Esquinas, M., Rey-Rocha, J., & Martin-Sempere, M. J. (2011). Dissemination practices in the Spanish research system: Scientists trapped in a golden cage. *Public Understanding of Science, 20*, 12–25.

Trench, B. (2012). Vital and vulnerable: Science communication as a university subject. In B. Schiele, M. Claessens & S. Shi (Eds.), *Science Communication in the World-practices, theories and trends* (pp. 241–257). Springer.

Trench, B., & Miller, S. (2012). Policies and practices in supporting scientists' public communication through training. *Science and Public Policy, 39*(6), 722–731.

Van Eperen, L., & Marincola, F. M. (2011). How Scientists Use Social Media to Communicate Their Research. *Journal Transl Med, 9*, 10.1186

van der Linden, S., Maibach, E., & Leiserowitz, A. (2015). Improving public engagement with climate change: Five "best practice" insights from psychological science. *Perspectives on Psychological Science, 10*(6), 758–763.

Weber, E. U., & Stern, P. C. (2011). Public understanding of climate change in the United States. *American Psychologist, 66*(4), 315–328.

Webler T. (2013). Why risk communicators should care about the fairness and competence of their public engagement processes. In: J. L. Arvai & L. Rivers (Eds.), *Effective risk communication* (pp. 124–141). London: Earthscan.

Wilkinson, C., & Weitkamp, E. (2013). A case study in serendipity: environmental researchers use of traditional and social media for dissemination. *PloS One, 8*(12), e84339.

Yuan, S., Oshita, T., Abi Ghannam, N., Dudo, A., Besley, J. C., & Koh, H. E. (2017). Two-way communication between scientists and the public: a view from science communication trainers in North America. *International Journal of Science Education, Part B, 7*(4), 341–355.

Yuan, S., Besley, J. C., & Dudo, A. (2019). A comparison between scientists' and communication scholars' views about scientists' public engagement activities. *Public Understanding of Science, 28*(1), 101–118.

Yzer, M. C. (2012). The integrative model of behavioral prediction as a tool for designing health messages: Theory and practice. In H. Cho (Ed.), *Designing messages for health communication campaigns: Theory and practice* (pp. 21–40). Thousand Oaks, CA: Sage.

2　对专业知识和经历的研究为科学传播培训提供了什么

德克兰·费伊

21世纪的前10年里，我为向科学家提供科学传播培训工作坊的欧盟网络工作，那时，我们把最重要、最有问题的模块放在最后。这个模块名为"文化中的科学"（Science in Culture）。我们把它作为工作坊的最后一个环节，在工作坊结束后，受训者（主要是职业生涯初期的科学家）在他们基本的传播技能方面利用了这个模块教授的知识，比如给普通受众撰写文章，以及筹备媒体采访。相比之下，文化中的科学是一个更具概念性和漫谈性的模块。这个观点的前提条件是，作为现代生活的组成部分，科学不能被理解为是脱离其丰富且充满动态的文化环境的。就像我们在对这个模块的描述中指出的那样，"虽然科学努力保护自己不受外部因素的影响，但是科学和科学传播可能受到各种情境内的政治、社会和经济利益的影响。这样，科学可以被看作是嵌入在文化之中的。"我们认为在欧洲科学传播网络（European Science Communication Network，ESConet）内，对科学文化的位置有着深刻理解的科学家对它们给公众生活带来的独特贡献方面有着更加清楚的看法。[1]

科学家对这个模块的反应是两极分化的。在工作坊末尾，来自我们受训者的定性反馈表明，就像很多参与者认为文化中的科学模块在引导其思考方面具有启发性一样，也会有很多人认为这是浪费时间，倒不如把这些时间用在学习实践技能上，比如进行模拟采访或者学习如何为非专业人士撰写文章（Miller, Fahy, the ESConet Team, 2009）。然而，我们仍然继续使用这个模块，因为它符合我们网络对科学传播进行思考的框架——这个框架把传播视为一种培育公众参与科学的公众对话。此外，这个模块标志着，研究人员用数年时间来开发我们在工作坊中使用的12个原创教学模块的工作达到了巅峰（ENSCOT, 2003）。作为开发这个模块的过程的一部分，我们利用了来自科学传播和以各种形式被称为科学学研究、科学知识社会学或者科学与技术研究（STS）的领域的理念。自20世纪70年代这个领域诞生以来，研究者开展了大量的研究工作，以从学术上关注文化中的科学的地位，并且我们认为它的学术成果提供了许多可以用来帮助科学家在更广泛的文化中进行传播的有用知识。

但自从我们与欧洲科学传播网络开展工作以来，依我之见，科学传播培训这个领域并未在同样程度上与来自科学学研究的理念紧密结合起来。根据培训者的看法，他们的培训项目把注意力集中在了培训实用媒体技能上（Besley, Dudo, Yuan, Abi Ghannam, 2016）。当培训纳入学术性知识时，这些知识绝大多数来自传播学研究中的公众说服研究传统，它们研究的是如何澄清传播目的，如何对受众进行细分，以及如何对信息进行定制以与那些受众产生共鸣（Dudo & Besley, 2016）。当科学家仔细思考他们自己与更广泛的受众进行互动的动机时，他们把力图防止科学出现错误信息或者就科学而对公众进行教育作为传播的优先事项，科学家往往把公众看作是非理性的和被误导的（Dudo & Besley, 2016）。这些趋势导向的结果就是，科学家可以通过参加培训项目来谋求这些技能，以实质上成为科学的公共辩护者，并且培训者力图以战略性科学传播的形式来提供这些技能。然而这种着眼于实用技能和战略性信息的培训所缺失的是对文化中的科学作用的深刻理解，这种理解需要考虑当代科学在其中得以运作的文化动态，以及科学家可以在这种动态的文化中所发挥的作用。

在这一章中我将讨论的是，一连串有影响力的当代科学学研究学术成果提供了一种思考文化中的科学的作用的方式。我将讨论科学社会学家哈里·科林斯和罗伯特·埃文斯协力完成的有关科学专业知识和经验本质的工作对科学传播培训具有根本性的启示。通过对他们的一系列工作进行综合，我将讨论培训研究人员就科学进行传播意味着培训他们对作为科学家的专业知识、经验和精神气质进行传播。看待科学传播培训的视角是至关重要的，因为在西方国家，当代科学家是在一种他们的专业知识受到挑战、他们的专业知识与其他类型的知识互动且公民期待民主地参与有关科学和技术的辩论的文化环境中进行科学传播的。着眼于专业知识和经验会有助于把作为一个领域的传播培训置于一个有条理的概念基础之上。着眼于专业知识和经验也有助于培训者搞清楚那些从事传播的科学家必须解决的两个难题：他们的科学专业知识和经验是否在促进公众讨论方面给他们提供了合理性？当讨论科学相关的社会问题时，他们的技术专业知识可以延伸到多远？

科学学研究对传播培训的价值

对科学学研究的忽视不仅发生在培训项目中。正如科学政策学者迈克尔·克罗（Michael Crow）和丹尼尔·萨雷威策（Daniel Sarewitz）（2013，p.4）认为的那样，源于科学学研究的理念在学术圈和政府中仅仅是一种边缘的存在，即便它们可以给政策界做出重要贡献。科学学研究这个领域还遭到了挖苦和摒弃。在最近的一个案例中，认知科学家与公共知识分子史蒂芬·平克（Steven Pinker）在他的《当下的启蒙》（Enlightenment Now）（2019，p.396）中把科学学研究打上了双引号，代表着某些学者在"科学学研究"中并不认真的本质。对平克来说，有其自己不同的思想流派和从非重构的实证主义到极端相对主义的一系列认识论立场的科学学研究完全等同于后现代主义。此外，科学哲学家海伦娜·希恩（Helena Sheehan）（2007，p.207）认为，科学学研究从重大社会问题中退回到了狭隘的学科辩论当中，从而变得太深奥且偏狭了，困扰于她称之为的"微观趋势的迷你辩论"当中。为回应这些批判，科学传播培训学者的一项任务就是，集中精力于科学学研究提供的有用的研究上。就像一部科学传播的百科全书中有关科学学研究的词条陈述的那样：

> 通过对有关科学和技术的普遍预设的真理和局限性的认识并超

越同它们相关的简化的概念，科学技术与社会有助于阐明在刻意地使用科学和技术来达到社会目标方面面临何种风险以及需要什么。

（尼利，2010，p.742）

科林斯和埃文斯在他们近期的一篇学术文章中认为，专业知识和经验是理解科学在文化及社会中的作用的核心。用他们的话说，他们已经"从把科学评价为真理的提供者转移到了对作为科学和技术实践基础的专业知识的意义进行分析上"（2007，p.2）。他们认为，专业知识是真实的，专业知识是难以学习的，专业知识也是科学家的公共合法性的基础。在科林斯和埃文斯工作的基础上，我在本章中表明，专业知识和经验是如何成为科学家公共传播的核心的，并由此推论，为何它们应该成为科学家的传播培训的核心。在本章中，我会利用他们的三份著作。第一个是他们在《科学的社会研究》（*Social Studies of Science*）上合著的论文（Collins & Evans, 2002），他们在该文中陈述的观点是，专业知识和经验已经成了关于科学和社会的当代辩论核心。第二个是他们合著的《重新思考专业知识》（*Rethinking Expertise*），该文扩展并深化了他们的上述理念（Collins & Evans, 2007）。第三个是《我们现在都是科学专家吗？》（*Are We All Scientific Experts Now?*）（2014），在这本书中，科林斯把从早期作品中提炼的理念注入广大受众都可以获取到的图书中。（这个问题简短的答案就是：不是的，我们现在不都是科学专家。）

科林斯是一个可以给传播培训提供很多帮助的科学社会学家。首先，非常重要的是，他深刻地理解科学。作为一个社会学家，自从这个学科产生以来，他就奋战在一线，自20世纪70年代早期，他就对研究当恒星爆炸或相互碰撞时释放出引力波的物理学家的工作进行了研究。他在他的著作《引力暗影：搜寻引力波》（*Gravity's Shadow: The Search for Gravitational Waves*）（2004）中详述了这个领域的历史和社会学价值，十分沉浸于这个领域之中，以至于他获得了水平领先的事实性知识，同时在某种程度上还获得了专家的内隐知识，即专家拥有的能够执行专业任务却无法解释他们是如何做到的一种技能。"我用了几十年的时间来研究引力波探索的社会学，并且与探索引力波的物理学家共同体混在一起，"他写道（2014，p.69），"我显然不能'从事'引力波物理学，但是我决定让自己接触一项可以表明我是否掌握了专家的内隐知识的测试。"在这项测试中，他与一位专业的引力波物理学家被问到同样的技术问题。然后9名引力波物理学家会对两个人的匿名答案进行评估，他们需要找到哪个是真正的专家，哪个是科林斯。在对答案进行的评估中，7位物理学家无法认定谁是真正的物理学家，2位专家把科林斯误认成了专家。这个结果以"社会学家愚弄物理学评委"（Sociologist Fools Physics Judges）为题发表在科学期刊《自然》（*Nature*）上（Giles，2006）。

其次，科林斯在引力波领域的专业知识已经超越了先进的事实性知识。作为他沉浸的这个领域的一部分，科林斯逐渐了解了引力波物理学的社会界和文化界。他能够考察这个领域中的科学理念是如何起源与发展的，以及是如何被接受或拒绝的。在这个过程中，他对这个领域的内部运作方式有了一种认识——这是只有沉浸在一门学科里的人才能够理解的，难以界定的社会和文化因素。因而，他在自己的作品中认为，社会因素对于科学知识生产来说是至关重要的——社会因素包括研究人员如何评估彼此的工作和声誉，他们如何讨论理论、阐释他们的实验结果以及校准他们的设备。但是，科林斯（2014）注意到，即便涉及社会因素，科学还是对自然界产生了可靠的知识——成为个人和政治行动的基础的知识（更多关于可靠知识的概念，参见Ziman，1991）。

再次，科林斯与埃文斯都认为科学在西方文化中应该得到核心地位。他们的工作在某种程度上旨在捍卫科学独特的认识论地位，即它作为一种探究方法的独特主张，这种方法产生了关于自然界的可靠知识。他们还认为科学是文化的核心部分。在他们看来，科学应有其特殊位置，因为科学家致力于打造一套可以被视为科学的精神气质的价值观。这些价值观，或者规范，包括了由科学社会学家罗伯特·默顿（Robert Merton）所提出的那些规范——比如"普世主义"要求对主张的判断不应该提及做出这个主张的个体属性,"有组织的怀疑"要求对工作进行批判性的同行审查,以及"无私利性"要求科学家把科学当成一个整体的利益体而采取行动,而不是只考虑他们自己的个人利益——以及诚实和正直的价值观(Collins, 2014, p.127-128; Merton, 1973)。科林斯(2014, p.132)写道:"科学的精神气质可能是科学对社会最有价值的贡献。"

科林斯(2014, p.126)认为,在他称之为"专业科学的中心地带"的研究成果中最能清晰地看到科学的精神气质。当他与埃文斯对科学共同体进行分析时,他们不是在考察那些长期出现在媒体上的可见的公共科学家(Goodell, 1977),或者在大众文化中代表科学的明星科学家(Fahy, 2015),又或者是在政策制定过程中发挥积极作用的科学家(Pielke, Jr., 2007)。相反,他们讨论的是那些旨在支持或反驳他们的理念的理论家,以及试图决定自然界的结构的实验主义者。这些研究人员构成了专业科学家的庞大队伍。对科林斯而言,引力波物理学共同体就是他们的例证,在科林斯的经验中他们就展现出一种科学的精神气质,几乎没有例外。同样在我自己的培训经历中,正是那些来自中心地带的被强化公众理解科学的欲望所激励的科学家前来参加了科学传播培训工作坊。据我的经验,他们并不是代表科学而参与到了深奥的战略性传播活动中,相反而是想要学习如何生动地把科学的范围和局限性传达为理解和解释世界的一种方式。正是这些科学家构成了传播培训的核心群体。所以培训应该把主要精力集中于这些科学家为公众理解科学提供了什么以及在公众中进行传播时他们可能会面临哪些挑战上。

科学学研究的第三次浪潮:对专业知识和经验的研究

从柯林斯和埃文斯的作品来看,我们首先需要理解的就是科学处于一个不断变化的历史情境之中,因而科学传播也是如此。科林斯(2014)认为,在特定的历史时刻,可以利用时代精神(*zeitgeist*)这个术语来理解科学的公众形象,这个概念指代的是一个时代所盛行的环境,一个年代一般的文化和智识氛围,现存于具体时间和地点的大众想象力。那种智识氛围影响了人们如何理解科学的意义。为追踪对于科学的大众想象力的变化，科林斯和埃文斯（2002）追踪了他们认为是自20世纪中期以来科学学研究这个领域中大规模的变化。他们认为，这个领域的变化为理解更广泛的社会变化提供了一个窗口，这个领域的历史可以大致分为三次浪潮，每一次浪潮都反映了科学与更广泛的社会之间正在变化的关系。

科学学研究的第一次浪潮开始于20世纪50年代，这是一个给战后的未来带来新药物、新材料和新技术乐观主义的时代。第一波浪潮把科学作为知识的卓越形式。在第一波浪潮中，科学之外的学者有一项作用：解释科学为何达到了这种无与伦比的地位。比如，科学史专家考察并整理科学界的伟大人物。科学哲学家解释了科学家如何通过整合了理论模型与经验证据的巧妙方式给世界带来了特定的知识。科学社会学家解释了研究共同体如何以独特的方式进行了自我组织以产生了它没有被外界因素所污染的知识，比如可能会影响或毁坏研究的经济或政治价值。第一次浪潮中的学术成果实质上是毫无批判地支持科学事业（Collins & Evans, 2002; Collins, 2014）。

科学学研究的第二次浪潮发生于20世纪60年代。它显著地改变了学者研究科学的方式，他们因此开始正视科学的本质及其在社会中的地位。

第二次浪潮得到了托马斯·库恩（Thomas Kuhn）的《科学革命的结构》（*The Structure of Scientific Revolutions*）（1962）的影响，该书认为科学不是以线性的方式前进的，不是每一种新知识无缝地添加到现有知识之上，从而使得科学日益接近自然界的真理。相反，库恩认为，科学是通过一系列革命而得以进步的，在这一系列的革命中，已确立的理论不再能解释科学家发现的新证据，因此被对自然界的运作方式给出了更全面解释的新理论或新范式所取代。库恩在他的著作中专门提到了科学被传播的一种方式。他对教科书中有关科学的历史进行了考察，这种历史把科学呈现为由科学界的伟大人物所生产出来的一种线性进步的故事。科林斯（2014, p.23–24）写道："位于教科书开端的缩略历史并不是严肃的历史，而是童话般的故事。"科学学研究的第二次浪潮，包括科林斯及其同事的很多著作，试图更正这些童话般的故事。

为了这样做，科学学研究的学者进入了实验室中，以展现科学家开展日复一日的工作这个凌乱的过程。这些过程对非科学家来说是陌生的，但却是开展先进研究的所有科学家都能理解的。科林斯（2014，p.24）写道："当这些科学家发现事情不像他们被教授的那样直截了当，并且他们的工作其实是管理一个非常无条理的世界时——就像努力把气球压缩进一个用绳子捆着的包裹中一样。"这些科学家"就仿佛挨了当头一棒"。第二次浪潮的学者表明，社会因素对于科学工作来说是至关重要的——指的是科林斯在引力波物理学家的工作中观测到的社会因素。第二次浪潮的学者打开了科学的内部运作机制以进行审查，而作为结果，人们更平等地对待科学，把科学家从第一次浪潮的学者对他们所持有的崇高地位上拉了下来。第二次浪潮的学术成果表明了科学的外部形象（追求绝对真理的永无过失的英雄）与科学的内部实践并不匹配（Collins, 2014）。

科学学研究的第三次浪潮是由科林斯和埃文斯在 2002 年发起的。他们认为第二次浪潮的学者破坏了科学的理想形象，它剥去了科学的神话和童话故事般的外衣，而这是第一次浪潮思维的一个特征。作为回应，第三次浪潮的学术成果必须为科学建构一种真实的形象。这种真实的形象必须传播的是，科学是会犯错的，是有局限性的，是由社会群体中的人所从事的，同时也表明科学仍然是人类理解不确定且复杂的世界的最优方式。科林斯（2014，p.81）认为，第三次浪潮的学者必须志在"精确地描述科学，同时仍然仰慕科学以及它所代表的东西。必须要学习的技巧就是在不将科学童话化的情况下，仍然将科学视为独特的东西。"[2]

"技术平民主义"的崛起

但是对于科学家来说，要利用这种技巧是很困难的。科林斯认为，很多科学家仍然传播着第一次浪潮中的科学形象。他们把科学的英雄形象呈现为孤立于更广泛的文化而产生的卓越类型的知识。尤其是当他们试图证明自己工作的正当性时，科学家转向了克里斯（2014，p.10）所谓的科学的"皇冠上的宝石"——例如，牛顿或爱因斯坦的工作，或者深奥的、奇妙的科学

（如追寻希格斯玻色子）。这种立足于第一次浪潮的传播给科学的公众形象带来了一个问题，因为公民面临的科学相关的问题并不是涉及宏大的科学或抽象理论化的问题，相反，他们面临的问题是以高度不确定性为特征的具有争议性的科学，没有清楚的答案。作为标志性案例，柯林斯提到了20世纪90年代和21世纪初出现在英国的一个重大的食品相关丑闻。20世纪90年代牛脑海绵状病（bovine spongiform encephalopathy, BSE, 俗称疯牛病）的爆发是由给活牛喂食死去的牲畜（作为现代工业化养殖过程的一部分）而导致的。在告诉人们吃牛肉是安全的之后，英国政府眼看着150多人死于牛脑海绵状病的人类变种，变异性克雅氏病（variant Creutzfeldt-Jakob disease, vCJD）。几年后，影响了牲畜的另外一次大规模爆发的口蹄疫见证了英国乡村处处焚烧牲畜尸体的场景，科学家争论说这是回应此次爆发的恰当方式。科林斯（2014，p.5）写道："公众对此次事件的印象是，无能的政府被争吵不休的科学家误导，从而浪费了我们的农事积累，未能吸取教训处理食品界的又一次危机。"

科林斯指出，在公众生活的其他领域，专业知识被证明是存在争议的或不可靠的。尽管医学科学几十年来都承诺能够治愈癌症和其他严重疾病，但实际上并未真正做到。就像2009年金融危机强有力地表明的那样，经济模型是不可靠的。围绕着环保主义和动物权利的现代政治运动通常用他们自己有资质的专家和知识体系对专家知识提出质疑（Collins & Evans, 2007）。此外，科林斯（2014）注意到，对科学被企业赞助者操控这一方面存在着公众担忧，例如对烟草公司左右了有关吸烟的医学文献的公众争议以及石油公司左右了有关气候变化的科学文献。这些趋势的一个后果就是科林斯（2014，p.15）所说的"缺省的专业知识"的崛起。他认为，公民用他们自己的观点和科学家的观点同样有效的"赋权意识"（因为专家的分歧严重，并且专家的预测是会出错的）来对在公众中曝光的科学中固有的不确定性进行回应。科林斯（2014，P.16）写道："拥有缺省的专业知识意味着和专家一样优秀，因为专家并不存在。"正如科林斯和埃文斯（2007，p.2）所写的那样："我们对专家和专业知识信心的丧失似乎看上去要迎来一个技术平民主义的时代。"他们的观点是有先见之明的。缺省的专业知识的观点成了当今时代的一个特征，这个时代被称之为"后事实性"或"后真相"时代。就像牛津词典（Oxford Dictionaries）（2016）界定的那样，后真相是一个形容词，特指"在塑造公众舆论方面，客观事实的影响要远小于情感和个人信念的情况"。与后真相密切联系在一起的是对专家知识的不信任。在一个显著又臭名昭著的例子中，在2016年英国公投决定是否脱离欧盟之前，在一次媒体采访中，时任司法大臣的迈克尔·戈夫（Michael Gove）被问及经济学家对英国脱离欧盟的影响进行的预测。在回答中，戈夫说："这个国家的公民已经有足够多的专家了。"他又补充说："我们不是要让公众信任我。我是让他们相信自己。"（引自 Mance, 2016）。

　　戈夫的话表明，科林斯和埃文斯一直以来所主张的是位于科学和社会当代关系中的根本张力：专业知识与民主之间的张力。如他们所认为的那样，在当代文化中，公众有促进科学和技术辩论的政治权利。没有了公众的贡献，科学发展往坏了说可能会遭到反对，最好的情况可能也是完全不被公民所信任。科林斯和埃文斯（2002, p.235）把这称为"合法性问题"。但是这导致了一个相关的问题。非专家对科学辩论的技术维度可以做出什么合法的贡献？如何围绕着这些公众的贡献设定边界？科学家的专业知识的边界是什么？科学家的专业知识可以拓展到多远？科林斯和埃文斯（2002, p.235）把这称为"扩展问题"。开展传播的科学家必须解决这些问题。培训者要确保科学家明确地清楚了解不同种类的专业知识，这样他们就可以利用各种不同的专业知识来支撑他们的传播工作。专业知识是科学传播的核心。就像近期一项对培训项目进行的评述（Baram-Tsabari & Lewenstein, 2017, p.288）表明的那样："无论受众有无技术知识，好的科学传播能使它的受众对渠道和专业知识做出明智的判断。"

专业知识的分类

　　科林斯和埃文斯（2007, p.14）为理解专业知识设定了明确的方式。他们让缺省的专业知识与实质性的专业知识形成了对照，他们把实质性的专业知识归类到他们称为专业知识分类系统的分类系统中，或称"专业知识的元素周期表"。在他们的类型学中，实质性专业知识的主要类型是：

1. 普遍型专业知识（*Ubiquitous Expertise*）。这是在一种文化中任何人都需要的专业知识，比如讲本土语言，知晓像餐桌礼仪和私人空间中的行为准则这样的不成文的社会法则。习得这种专业知识无须付出努力，因为它是作为在一个特定社会中成长的结果而累积起来的。

2. 专家型专业知识（*Specialist Expertise*）。这种类型的专业知识与科学家关系最密切。正是拥有这种类型专业知识的人们参与到了长期的实践中以发展出专家型知识。比如，它是职业化学家、数学家、工程师、卡车司机、木匠或小提琴演奏者所拥有的专业知识。尤其是，当这一分类理论应用于科学家时，这种专家型专业知识有两个子项。科林斯和埃文斯（2007，p.35）认为，第一种是"互动性专业知识"（interactive expertise），这是通过与专家共同体的互动过程而习得的某种层次上的几乎熟练的知识，但是却对那个共同体的活动没有什么贡献。科林斯和埃文斯（2007，p.24）认为，第二种是"贡献性专业知识"（contributory expertise），这是通过对一个专业领域做出独特贡献而习得的，比如一个专业领域中的新数据、概念或者理论。贡献性专家都是互动性专家，但并不是所有的互动性专家都是贡献性专家。

3. 元专业知识（*Meta-Expertise*）。这是高层次的专业知识类型，用科林斯（2014，p.59）的话说，人们必须习得"在其他专家之间进行判断和选择的能力；原则上，这种类型的专业知识足以引领一个人完成在当代技术世界中必须做出的决定"。科林斯和埃文斯（2007）提供了具有元专业知识的人对专家进行评价的三个标准：资历、经验和业绩记录。在这三者之中，业绩记录是最好的标准。然而，这种元专业知识形式难以在较高的层次上习得，并且通常是由那些长期以来近距离地研究了科学和沉浸式细节的人所发展出来的，比如资深的科学记者。[3]

对传播培训的洞见

科林斯和埃文斯在他们的著作中令人信服地主张，科学家在公众生活中的合法性基于他们的专家型专业知识和经验，以及他们对科学的精神气质的遵循。他们的专业知识和精神气质把他们与其他专家区别开。科林斯和埃文斯（2002，p.236）认为，与其他专家在他们各自的角色中所做的事情相比，科学家的专业知识"是公众采纳科学家和技术专家建议的原因，这是他们作为科学家和技术专家应该做的"。根据他们的学术成果，我对传播培训归纳推导出了五种洞见或者说主题，培训者可以将其纳入他们项目的设计之中，学者也可以在他们的研究中对其进行调查。

1. 科学家只能从他们专业知识的核心区域进行传播。科林斯和埃文斯（2007）注意到，科学家在他们专业领域之外的发言即使具有权威性，权威度也很低。实际上，研究人员偏离他们的专业领域越远，他们的传播就越接近有关科学的童话故事——这是科学学研究第一次浪潮的特征。当科学家在他们的专业领域之外发言时，他们并不是在提供专家的阐释。在科林斯和埃文斯（2007，p.145）看来，他们是在提供"权威见解"。在他们的专业知识之外发言会降低他们的权威性，从而带来合法性问题。这种洞见对于他们的学术成果来说是基础性的，并且对于那些在培训中寻求成为整个科学事业捍卫者的技能的科学家具有明显的启示。科林斯和埃文斯（2002，p.270）写道："如果公众一定要为科学'辩护'的话，他们应该专注于专家科学家，而非通才科学家。"

2. 科学家必须持续地尽力解决扩展问题。当科学家在公众中进行传播时，他们会承担"公共专家"的作用（Peters，2014，p.70）。在这种作用中，科学家通常会被记者要求就与他们的专业知识领域相关的具体情况给公民和决策者提供具体建议。科学家在这种作用方面的挑战是，他们被期望着提供帮助公民或决策者采取行动的未来路线的专家知识。另一种具有挑战性的情况就是，他们被公众要求对科学的社会或政治影响进行评论，而这些领域有时位于他们专业知识的真正边缘。正如彼得斯（Peters）写道的那样：

> 以公共专家身份出现的科学家负有以下责任：首先，获得并使用与问题相关的全部可用的知识；其次，做出系统的、全面的评估；最后，以支持公众成员做出决策的方式进行传播。
>
> （彼得斯，2014，p.73）

由科林斯和埃文斯的著作可以看出，如果科学家是在传播他们专业领域的专家知识，那么他们就只能承担这种角色。只有通过利用他们的专家知识，他们才可以承担彼得斯所概括的三种责任，这些责任涉及科学家持续地对他们的专业知识可以延伸到多远这个问题进行协商。因而，培训者需要着眼于帮助科学家仔细思考这个延伸问题，因为它适用于他们的传播努力。

3. 科学家应该传达他们专业知识的本质。当对科学进行传播时，研究人员也应该传播他们的专业知识。在这种传播中，科学家应该解释他们是如何获得互动性专业知识和贡献性专业知识的。这不仅为他们自己的权威性提供了一种基础，还传达了知识生产的社会维度。如科林斯和埃文斯（2007，p.140）主张的那样，对科学进行传播的那些人必须"准备向尽可能广泛的受众解释科学，解释专业知识的本质"。

4. 科学的精神气质应该得到传达。与传达专业知识的本质相关联的是，科学家应该传播他们在自己的工作中是如何遵守科学的精神气质的。如科林斯（2014）认为的那样，科学的精神气质是科学文化与众不同的部分，所以驱动科学家的个体工作和集体工作的价值观也是非专家需要理解的关键点。这涉及解释包括无私理性、怀疑主义和共有主义在内的规范在产生围绕着特定话题的专家知识方面是如何发挥作用的。认真地传播这个过程可以生动地阐明科林斯和埃文斯的著作的中心目标：虽然人类在开创事业的过程中难免犯错，但是科学仍然是我们所拥有的理解世界的最佳方式。理解科学就意味着理解科学的精神气质。

5. 科学家必须承认他们所处的文化情境。在西方的当代时代精神中，科学家的专业知识受到了挑战，知识是存在争议的，科学发现是不确定的，尤其是当它们应用于社会问题时。这是科学家开展传播的文化背景。虽然很多培训项目强调对信息进行定制以与受众的价值产生共鸣，但是更广泛的文化情境被忽视了。科学家在传播培训者的帮助下，应该理解和处理他们的文化情境，因为它会影响不同公众的成员接收他们的观念。政治传播学者布赖恩·麦克奈尔（Brian McNair）（2011, p.29）写道：

> 任何形式的政治传播的效果都不是由信息的内容单独决定的，内容甚至不是主要的决定因素，而是由它们所处的历史情境决定的，尤其是任何特定时间里盛行的政治环境。

结论：培训科学家传播专业知识和经验

科林斯和埃文斯的理念为理解科学家在当代文化和社会中的作用提供了一个概念性基础。他们对科学学研究的学术成果阐明了，专业知识和经验位于科学家所从事的独特工作的核心，由此可推论，这也是科学家主要传播的部分。科林斯和埃文斯对科学家在他们的公众传播中必须解决合法性问题和扩展问题提出了充分的理由。解决这些相关联的问题的方式就是着眼于专业知识和经验。虽然这看上去是自相矛盾的，但是科学家必须表明他们在科学相关问题的公共辩论中具有合法的地位。他们必须通过传达他们独特专业知识的本质和传播专业知识是如何产生的（通过与其他专家互动和通过向他们专业知识领域贡献原创性知识）来达到上述目的。通过对他们专家型专业知识的传播，科学家将处于传达科学的精神气质的核心要素（区分科学家和科学家的工作的价值观）这一位置上。在给公民带来最大影响的科学议题是不确定的和存在争议的这样一个后真相和缺省专业知识的时代，科学家必须清楚他们的专业知识可以延伸到多远。传播培训者在帮助科学家认真思考这一点上发挥着重要作用。此外，科林斯和埃文斯的著作为设立对专业知识的传播位于其核心的培训项目提供了概念性框架。

他们的理念对于传播培训学者来说也是有用的。作为实践和一个研究领域的科学传播培训的快速扩展意味着，这个学术成果的子领域的特征就是，具有理论上的不连贯性以及缺乏基础性理念（Baram-Tsabari & Lewenstein，2017）。因为专业知识和经验对科学来说是根本性的，所以对于科学传播来说也是根本性的。传播培训的学者可以把对专业知识和经验的研究置于他们研究的核心，因为它们在理论上解释了科学家如何在各种传播情境下解决合法性问题和扩展问题。通过为科学家如何传达他们的专业知识、经验和精神气质提供清晰的概念性解释，学者们可以为当代文化中科学的作用提供清晰的解释。

把专业知识带入传播培训的中心还带来了民主上的启示。在对他们不具备专家型专业知识以充分理解的科学议题上做出好的民主决策方面，公民面临着持续的挑战。科林斯和埃文斯（2007，p.139）写道，当公民做出这些判断时，他们会通过"选择相信谁而不是相信什么"的方式来做决策，他们是在评估专家，而非内容。传播培训者在帮助公民做出好的决策方面能够产生影响。他们可以间接地发挥自己的作用，即通过培训科学家去解释他们获得专家型技术专业知识的社会过程。因此，公民将在把他们对专家的评估放在什么基础之上拥有更多的知识。正如科林斯和埃文斯（2007，p.139）总结的那样："如果对技术上缺乏经验的公民保持开放的那些准技术性判断是建立在社会判断的基础之上的，那么对科学的社会过程的理解越好，这些判断很可能也就会越好。"

注释

[1] 在尊重知识共享协议的情况下，可以在下列网址中看到欧洲科学传播网络的模块：https://esconet.wordpress.com/training-materials。有关科学文化目标的引用来自这个模块的 113 页到 115 页。

[2] 科林斯和埃文斯的著作并不是毫无瑕疵。他们对科学学研究三次浪潮的概念化成了大量激烈辩论和批判的目标对象（见 Wynne，2002 和 Jasanoff，2003）。就个人而言，我不认同他们作品中的相对主义和社会建构主义维度，因为我持有一种批判现实主义认识论立场。然而，即便是存在这些批判，科林斯和埃文斯的著作对科学传播培训仍然有很多帮助。

[3] 这里呈现的对类型学的描述是对科林斯和埃文斯（2007）在他们书中第 2 章和第 3 章提出的更详细的类型学的一种概述。

参考文献

Baram-Tsabari, A., & Lewenstein, B. V. (2017). Science Communication Training: What Are We Trying to Teach? *International Journal of Science Education*, *7*(3), 285–300.

Besley, J. C, Dudo, A. D., Yuan, D., & Abi Ghannam, N. (2016). Qualitative Interviews With Science Communication Trainers About Communication Objectives and Goals. *Science Communication*, *38*(3), 356–381.

Collins, H. (2014). *Are We All Scientific Experts Now?* Cambridge: Polity Press.

Collins, H. & Evans, R. (2009). *Rethinking Expertise*. Chicago: University of Chicago Press.

Collins, H. M. & Evans, R. (2002). The Third Wave of Science Studies: Studies of Expertise and Experience. *Social Studies of Science, 32*(2): 235–296.

Crow, M. & Sarewitz, D. (2013). Power and Persistence in the Politics of Science. In G. P. Zachary (Ed.) *The Rightful Place of Science: Politics*, 1–8. Tempe, AZ: Consortium for Science, Policy and Outcomes.

Dudo, A. & Besley, C. (2016). Scientists' Prioritization of Communication Objectives for Public Engagement. *PloS ONE, 11*(2). Retrieved from e0148867. doi:10.1371/journal.pone.0148867

ENSCOT. (2003). ENSCOT: The European Network of Science Communication Teachers. *Public Understanding of Science*, *12*(2), 167–181.

Fahy, D. (2015). *The New Celebrity Scientists: Out of the lab and Into the Limelight*. Lanham, MD and London: Rowman & Littlefield

Giles, J. (2006). Sociologist Fools Physics Judges. *Nature*, *442*, 8.

Goodell, R. (1977). *The Visible Scientists*. Boston, MA: Little, Brown & Company.

Jasanoff, S. (2003). Breaking the Waves in Science Studies: Comment on H. M Collins and Robert Evans, 'The Third Wave of Science Studies' *Social Studies of Science*, *33*(3), 389–400.

Kuhn, T. (1962). *The Structure of Scientific Revolutions*. Chicago: Chicago University Press.

McNair, B. (2011). *An Introduction to Political Communication* (5th edition). Abingdon: Routledge.

Mance, H. (2016). Britain has had enough of experts, says Gove. *Financial Times*. Retrieved from www.ft.com/content/3be49734-29cb-11e6-83e4-abc22d5d108c

Merton, R. K. (1973). *The Sociology of Science: Theoretical and Empirical Investigations*. Chicago: University of Chicago Press.

Miller, S., Fahy, D., & the ESConet Team. (2009). Can science communication workshops train scientists for reflexive public engagement? The ESConet experience. *Science Communication*, *31*(1), 116–126.

Neeley, K. A. (2010). Science, Technology, and Society Studies. In S. H. Priest, *Encyclopedia of Science and Technology Communication*, (pp. 737–742). Los Angeles: Sage.

Oxford Dictionaries. (2016). Word of the Year 2016 is … *Oxforddictionaries.com*. Retrieved from: https://en.oxforddictionaries.com/word-of-the-year/word-of-the-year-2016

Peters, H. (2014). Scientists as Public Experts: Expectations and Responsibilities. In M. Bucchi & B. Trench (Eds.), *The Routledge Handbook of Public Communication of Science and Technology* (pp. 70–82). Abingdon: Routledge.

Pielke, Jr., R. (2007). *The Honest Broker: Making Sense of Science in Policy and Politics*. Cambridge: Cambridge University Press.

Pinker, S. (2019). *Enlightenment Now: The Case for Reason, Science, Humanism, and Progress*. Penguin: London.

Sheehan, H. (2007). Marxism and Science Studies: A Sweep Through the Decades. *International Studies in the Philosophy of Science 21*(2): 197–210.

Wynne, B. (2002). Seasick on The Third Wave? Subverting the Hegemony of Propositionalism: Response to Collins & Evans (2002). *Social Studies of Science 33*(3): 401–417.

Ziman, J. M. (1991). *Reliable Knowledge: An Exploration of the Grounds for Belief in Science*. Cambridge: Cambridge University Press.

3 公私伙伴关系对科学传播研究和实践的意义

弗雷德·巴尔弗特

引言

有关科学传播的当前视角,包括负责任的研究与创新以及欧盟社会中的科学框架,推动了社会上所有的利益相关者参与到了科学研究的各个阶段。这些利益相关者包括产业伙伴,比如追求经济收益的公司。但是对于科学传播来说,公司在研究中扮演的角色是有问题的。从历史上来看,它并不适合自20世纪后半叶以来所发展的作为独立学科的科学传播的话语。为了保持相关性,科学传播者需要在科学传播理论以及实践中开发有意义的模式来应对产业伙伴。

背景

自第二次世界大战以来,科学已经发展并繁荣为一项公共事业。在战争期间及战争之后,对政府来说,愈发明朗的是,诸如安全、能源、健康、基础设施、教育和经济发展这样的国家利益在很大程度上依赖科学的进步。各国政府把干预科学视为它们的一项任务,这在历史上还是第一次出现。为了干预科学,许多国家确立了现代国家科学政策。"20世纪见证了科学和技术实践从主要由研究人员个人开展的、低预算且私人赞助的模式演变为多学科、高预算且有公共经费资助研究团队的模式"（Miller，1983）。

这严重地影响了科学传播的发展。此前，传播者对科学进行传播的主要原因之一就是推动公众对政府在研究方面投入经费的支持。比如，美国教育部（US Office of Education）和美国国家科学基金会（National Science Foundation）的第一次公民科学素养项目主要旨在让学生从事科学职业以及让公众支持冷战科学的成本和风险（Paisley，1998）。1960年，美国国家科学基金会开展了公众理解科学的运动，旨在确保公众广泛地支持为科学和技术提供资助（Wiedenhoff，2000）。

科学传播的基础在当今的理论与实践中仍然非常明显。《成功的科学传播：述其所是》(Successful Science Communication: Telling it like it is) 这本书报告了有关医疗保健的纳米技术的公共对话："人们担心谁会从花在科学上的公共财政支出中获益"（Jones，2011）。

平息价值观

现代民主国家的国家科学政策以及作为结果的科学传播这个领域本身结合了科学文化和民主政策制定中重要但独特的价值观。科学文化追求的是通过同行评议的过程来评估的卓越性，而民主的决策制定追求的是社会相关性，它要通过开放且透明的评价体系来开展评估。万尼瓦尔·布什（Vannevar Bush）在他的报告《科学：无尽的前沿》(Science, the endless frontier)（Bush，1945）中首次描述了满足两种价值体系的一个模式，后来加萨诺夫（Jasanoff）也对此进行了总结："作为获得持续的政府支持以及界定其研究优先性和方法的自由的交换，科学家将为公众提供带来收益的发现和训练有素的劳动力。"（Jasanoff，2005）

自战后现代主义的早期以来，科学政策已经发生了很多变化。目前，民族国家的和欧盟的科学政策在研究和创新领域积极地推动公私合作。除了科学文化和民主的决策制定的价值之外，这些政策还引入了第三个价值体系，那就是市场。因而，公共资助研究就不再是对需要合法化的研究进行资助的唯一且最重要的方式了。随之浮现的另外一个问题就是对私人伙伴和企业所资助的研究的公共支持。

科学和市场

在过去的几十年里，绝大多数国家政府和欧盟的科学政策都发生了急剧的变化。其中一个变化就是引入了市场经济原则。这可以被看作是公共行政中新自由主义运动的一种结果，被称为新公共管理，它改变了对公共服务进行资助的方式。它对科学研究具有深远的影响（Elzinga，2010）。

公私伙伴关系被广泛地接受为一种组织模式，在这种模式中，"政府一方面提供激励，另外一方面敦促学术机构摆脱履行文化记忆、教育和研究的传统功能，并且给'财富生产'提供更直接的贡献"。埃兹科维茨（Etzkowitz）和雷德斯多夫（Leydesdorff）指出：

> 大学和更广泛的社会之间正在依据比老条款更具体的新条款协商（一种）新型社会契约关系。以前的契约是基于创新的线性模式的，从而只假定学术知识对经济的长期贡献。现在，基于诸如生物技术和计算机科学这样的领域中公司构造和研究契约的例子，长期贡献和短期贡献都被认为是可能的。这就需要创新的螺旋模型在知识资本化的不同阶段抓住多元的互惠联系。
>
> （埃兹科维茨和雷德斯多夫，1995）

这种螺旋被称为"三重螺旋模型"，它意味着政府、学术机构和私人公司是在科学研究的组织中协作的三个伙伴，每一个都贡献其独特的品质。特别是最近，这一系统还有了"四重螺旋"的说法，引入了驱动创新的终端用户，比如消费者和病人（Carayannis & Campbell，2009）。

三重螺旋和四重螺旋已经成了在国家和欧盟科学政策的研究经费程序中所应用的规范性模型。它产生了公共资助的研究的新标准。研究人员必须要让提供经费的机构相信他们的研究有助于提升经济竞争力，并且需要去寻求公私伙伴关系，这意味着私人伙伴正在参与并且部分地资助了研究。"科学知识成了一种商品：它是我们这个时代的基本原材料"（Gregory，2016）。

欧洲、巴西和荷兰当前的科学政策

对欧盟、巴西圣保罗州和荷兰的当前科学政策的分析表明，在科学和社会之间的现代主义的匹配方面以及在为经济政策而利用科学的转向上存在着广泛的共识。这三类当前的政策都反映的逻辑是：作为科学给社会提供收益的回报，社会保证科学探索的自由空间。但是与之前迭代的这些政策相比，一个新的因素是它们每一个都表明应该把科学视为创新、经济繁荣和就业的驱动力。

当然，这种思维上的变迁为研究预算分配的标准提供了方向。根据这三种政策所分配的这些预算的最大部分则留给了基于两大标准的问题导向的研究：对全球社会问题解决方案的贡献以及可以带来经济优势的创新。

欧盟

《地平线2020》（*Horizon* 2020）是欧盟针对研究设立的自2014年至2020年的科学政策框架，其总预算达到790亿欧元。它的使命是：

> （它）是贯彻落实创新联盟（Innovation Union，一个旨在促进欧洲创新和经济增长的组织）的金融手段……旨在确保欧洲的全球竞争力。《地平线2020》被视为驱动经济发展和创造就业机会的一种手段，它为欧洲领导人和欧盟议会成员提供了政治支持。他们都认同科学研究是对我们未来的一种投资，所以把科学研究置于欧盟一个智能、可持续且包容性发展和工作蓝图的中心位置。

（欧盟委员会，2016）

预算的绝大多数都分配给了三个工作项目：卓越的科学（32%）、社会挑战（39%）以及产业领导（22%）。在这三个工作项目中，研究人员被激励着去在公私伙伴关系中寻求企业合作。

巴西圣保罗州

圣保罗研究基金会（São Paulo Research Foundation，又名Fundação de Amparo à Pesquisa do Estado de São Paulo，Fapesp）是一个由圣保罗州的纳税人资助的公共基金会，其使命是"在高等教育和研究机构中支持研究项目"（Fapesp，2016）。"圣保罗研究基金会认为提高人类的知识会给人类进步带来益处"（Fapesp，2013）。2012年，圣保罗研究基金会根据它的三个主要标准在研究上投入了相当于5.3亿美元的经费，用于提升知识、实际应用的研究，以及科研基础设施。在这种分类中，"提升知识"指的是追求培训人力资源和促进学术研究这个经典的目标，分配给它的经费支出占到所有经费的37%。"应用驱动型"研究针对的是服务经济利益和社会利益，分配给它的经费占到53%。剩余的10%预算用在了完善科研基础设施上。

荷兰

荷兰科学研究组织（Netherlands Organization for Scientific Research, NWO）"通过研究项目和管理全国的知识基础设施来资助顶尖科研人员，引导荷兰科学的进程"（NWO，2010）。它每年大约6.83亿欧元（2014年）的预算分配在具体的政策工具上，其范围从全国性的研究资助项目到对与"顶尖产业"相吻合的研究的补贴，其中"顶尖产业"是与知识驱动的经济部门相关的研发的国家战略目标。

荷兰科学研究组织预算的分解把好奇心驱动的科学研究与政治上界定的目标结合在一起。该组织2011年到2014年的战略计划中阐述的目标包括：①对人才和自由探索式研究中的投资；②对团队合作的、受社会所启迪的主题进行投资；③激励和促进知识的应用。虽然在2013年，6.28亿欧元预算中的45%投入了人才和自由探索式研究①当中，但是这种研究实际上与团队合作的受社会所启迪的研究②以及技术转移③密切相关。2015 年，在这种分配之外，估计有 4000 万欧元到 8500 万欧元用于自由探索式研究的经费被用了在与顶尖产业有关的研究之中。

公共信任

从公众的视角来看，私人伙伴介入研究是有争议的。英国上议院（2000）一份有影响力的报告指出，"调查数据表明……在与政府或产业相关的科学上以及其目标显然不会有益的科学上存在着消极的反馈。这些消极反馈被表示为缺乏信任"。这些发现得到了一些学者的支持。迈尔斯通（Millstone）和范·茨瓦纳贝格（Van Zwanenberg）写道：

> 很多群体都不再那么信任特定的一些科学家，比如那些在产品或生产工序正在被审查的公司和产业中工作的科学家，或者为这样的公司和产业工作的科学家。研究还表明，公众对在政府中工作或者为政府工作的科学家的信任水平非常低。
>
> （迈尔斯通和范·茨瓦纳贝格，2000）

显然，这会影响对一般意义上的科学的信任，特别是因为上面所提及的在公司、产业和政府工作任职的或者在为这些机构工作的科学家常常在大学任职，而在大学里，承包研究已经成为常态。

在非常熟悉科学实践的专业人士之中以及在科学家自身中，对把自己与公司或产业伙伴关联起来的研究人员的不信任也非常普遍。一项针对参加 2016 年埃里克国际科学新闻学院（Erice International School of Science Journalism）夏季课程的 40 名研究人员、科学记者和科学传播者组成的混合群体的调查揭示出，如果研究人员是与产业界一起工作的，那么专业人士和科学家对他们研究结果的信任就会下降。

在一份满分为 10 分（代表非常可信）的量表中，91% 的受访者给一般意义上的科学家所报告的研究结果的估计信度打了 6 分。但当科学家直接地与公司合作时，这个数字降至了 63%，而当科学家在与公司存在契约的大学中工作时，这个数字降到了 68%。

在为期四天的有关科学、科学新闻和科学传播的讲座项目结束之后，受访者对研究人员的估计信度则更低了。这些讲座呈现并讨论了公私合作的各个方面、优势以及利害关系。这三组评分分别为 86%、54% 和 56%（虽然这些分值可能受到了下述事实的影响，即 38 名受访者完成了第一次问卷，而完成第二份问卷的受访者只有 34 名）。

与经费资助有关的批评还在科学共同体内部产生了回应。在"为何多数已发表的研究发现是错的""Why Most Published Research Findings Are False"一文中，约翰·约安尼季斯（John Ioannidis）指出，科学领域中的经济利益越大，研究发现为真的可能性就越低（Ioannidis，2005）。

表 3.1 用受访者的百分比表示参加了埃里克国际科学新闻学院（2016 年夏季课程）的成员对所报告的研究发现所做的估测值

		非常不可信← →非常可信									
		1	2	3	4	5	6	7	8	9	10
你认为，普通的科学家所报告的研究结果有多可信？	前测（$n = 38$）后测（$n = 34$）			6	5 3	5 6	11 6	24 15	45 50	8 15	3
你认为，为公司工作的科学家所报告的研究结果有多可信？	前测（$n = 38$）后测（$n = 34$）		6	11 15	5 9	21 18	26 30	18 21	8 3	8	3
如果这些科学家在大学工作，且他们的研究是由企业委托的，你认为他们的研究成果有多可信？	前测（$n = 38$）后测（$n = 34$）		3 6	8 9	3 15	18 15	18 26	26 18	13 12	11	

呼唤理论

如我们所看到的，科学传播的最初使命是使得对科学的公共资助合法化。目前，研究的公共资助不再是需要合法化融资的唯一方式了。另外一种方式就是私人伙伴和产业对研究的资助，因为公私伙伴关系已经成为惯例，并且得到了公共科学政策和研究机构二者的促进。但是在科学传播理论中，在研究中引入市场经济原则的深远影响似乎仍然被低估了。

截至目前，科学传播文献对这种游戏规则的颠覆者没有表现出什么兴趣。"占主导地位的制度模式，以及诸如提升国家竞争力、经济增长和技术科学创新这样强有力的经济和政治举措仍然未受到挑战"（Braun & Könninger，2018）。

很多文献作者已经注意到了利益相关者的产业伙伴，它们具有各自的特点。比如，以中立的方式成为"科学治理中的参与者"（Bandelli & Konijn，2012），作为与信任的下降有关的各方（Millstone & Van Zwanenberg，2000），或者作为彻底的"反派"（Wagner-Egger 等，2011）。但是就公私合作在研究中日益显著的作用所产生的影响以及这对科学传播的启示方面很少有文章发表。

也有一些例外，比如在《公众理解科学》（*Public Understanding of Science*）期刊中发表的"理解商业化对科学研究公众支持的影响：关于资金来源的还是关于开展研究的组织？"。作者们证实了，"当科学研究由私人利益而非公共利益所资助时，公众对此研究的支持会明显下降，当研究是在私人公司而非公立大学中开展的时候，情况更是如此"（Critchley & Nicol，2011）。他们呼吁未来的研究能够阐明"与不同的研究机构和资金来源直接相关的因素"。魏因加特（Weingart）和冈瑟（Guenther）在他们发表于《科学传播期刊》（*JCOM*）的文章中发起了一次讨论（2016）。在一篇回应文章中，欧文（Irwin）和霍斯特（Horst）认为，"我们不应该把产业研究呈现为科学的一种异常形式，而是需要对所讨论的科研活动维持一种批判的、开放的、以经验为基础的视角"（2016）。当然，考虑到研究人员在经费上的从属地位以及企业以营利为首要目标，对企业干预研究的批判性态度是必要的。科学政策接纳了作为利益相关者的企业这种做法使得科学传播势必要跟踪这个未知的领域。

实践该如何回应

为跟上科学研究的资助不断变化的现实，并且承认公私合作在研究中的消极含义，即使科学传播研究应该明显地更多关注科学实践的这个重要方面，但是这个领域中的科学传播从业者显然还有一项任务。

一般来说，解决伦理问题和争议性问题应该是科学传播实践的一部分。公众有权获得需要在真实且恰当的情境下看待和评估研究的信息，以便对其形成看法。为促进这种做法，科学传播应该不仅聚焦于科学概念和结果，还应该用公开且透明的方式解释科学行为的实践。此外，我自己在荷兰鹿特丹大学医学院（Erasmus MC）从事有关动物研究的传播给我的经验是，传播的干预在改变公众态度和反击偏见上是有效的。这不排除进行批判性对话的可能性；相反，通常的情况是，它会开启一个对话。反之，不解决科学实践的争议性问题，从长期来看会破坏公众对科学的信任。

作为销售员的科学家

有效的科学传播应该从研究本身的中心开始。一项欧盟的调查表明，绝大多数公民（66%）认为，为大学工作的科学家（非政客、政府代表或记者）是最有资质就科学和技术发展对社会的影响进行解释的人（European Commission, 2013）。

同时，科学家必须证明他们的研究有助于解决社会问题和促进经济活动，而外部的融资方，不论他们是政府还是私人伙伴，在研究的可见性上都存在着利害关系，并因而间接地对他们自己也存在着利害关系（Balvert, Hulskamp, Zgaoui, 2014, p.19）。如果促进资助的透明性是科学传播的任务，那么这种任务就应该从构成了科学实践程序的研究人员和研究机构开始。

如今研究人员的地位受到了利害攸关的不同利益之间相互影响的限制，这反映了四重螺旋的维度：研究机构的利益在于学术声誉；政府资助机构的利益在于社会相关性；产业界的利益在于商业上的优势；消费者的利益是以最小的或至少可接受的成本和风险确保最大的实际收益。这些利益并不必然会一致，特别是研究（任何情况下都应该独立的）与追求利润的私人公司之间的合作可能会导致（可认识到的）利益冲突。虽然由以基于科学的政策为目标的政府机构所委托的研究通常也会受到审查。不幸的是，研究人员和产业界之间的纽带实际上成了很多科学不端行为、争议和公共丑闻案例的基础。

这就是随着在全球范围内把市场经济标准引入科学政策之中，而研究人员的地位，因而也是科学传播者的地位并没有变高的原因。为避免可能发生的或已经发生的利益冲突，应该在每个研究项目的一开始就确保科学完整性和透明度。对研究人员来说，这意味着他（她）应该能够解释在项目的各个阶段和各个方面都考虑到了法律和伦理标准，并且这些标准得到了满足。虽然直接面向不同利益相关者和所牵涉的受众的信息可能因为他们不同的信息需求而有所不同，但是这些信息绝不应该相矛盾或不完整，以避免完整性可能会受到质疑的情况。每一个对任何特定受众隐瞒信息的决策都暗含着的风险是，研究人员和研究本身都会被认为或证明是不可靠的。

显然，这种责任不仅仅只取决于研究人员，还取决于所有牵涉到的利益相关者，尤其是取决于研究人员工作的研究机构。涉及科学完整性、透明度、资助和权益披露（disclosure of interests, DoI）的与国家政策和立法相一致的意思清晰的机构政策应该到位。在机构的研究共同体内应该积极主动地传播和讨论这些政策。绝大多数研究机构都设立了技术转让办公室（Technology Transfer Offices, TTO）以及维持法定价格的框架，以促进向公私合作的转变，以及帮助研究人员把他们的学术成果、社会角色及企业角色结合起来。

无论是对于研究机构之内的还是之外的科学传播者来说，国家和机构的政策及法规，与更宽泛的社会和伦理关切一起，构成了他们开展工作的背景。他们的作用就是主动和被动地启发各自的受众群体，让他们了解正在进行研究的"社会契约"。

我们从实践中得到的一个难忘的教训就是，涉及公司参与的研究项目的传播必须是双方之间的合同中明确安排的主题，在可以参考传播计划的传播段落中体现出来。在项目中，就为何要把研究过程或研究结果进行传播，怎么传播、何时传播以及对谁传播这些问题可能会演化出不同的看法。比如，想象一个会牵涉未成年患者的临床研究，如果有关公共宣传的安排并不是具有法律约束力的契约的一部分，那么为提升股价而需要选择把初步研究结果发表在何处的产业伙伴便会轻易地否定其他利益相关者（研究人员、医生、患者和家长）的利益。一般来说，在风险变得太高之前就达成一致会更容易一些。机构的科学传播者位于（或者可能处于）就这些问题为科学家、委员会和技术转让办公室提供建议的位置上。

无论是在研究机构内作为传播顾问还是新闻官员，还是作为机构外的科学记者，活动的组织者还是科学博物馆的馆长，科学传播者所承担的责任是，强调对透明度的需求，推动并促进这种透明度，以及解释科学政策和实践的局限性及其后果。

面向不同的实践模式

为理解研究人员和私人企业之间在当前的科学研究实践中的关系，有几个模式是值得探讨的。

把关人模式

在这个模式中，科学传播者对私人伙伴应该在研究中发挥的作用保持一种批判性立场。要留意科学上卓越的价值、社会相关性与经济竞争力之间的动态机制产生问题的启示，要对研究人员和私人伙伴之间的关系进行调查并公之于众。适合于这种模式的传播样式的例子包括新闻生产、辩论、博客、视频和图书。

咨询提供模式

解释从基础研究和创新到应用和市场增值这个连续体中私人各方的作用是一种实证主义的叙事，它在经济增长和就业的更广泛背景下阐明了当前的科学实践。基于公众能很好地理解公私合作的例子这个前提条件，科学传播者的作用就是，在这个过程中对所有利益相关者的利益和期望保持批判态度，以及在表征模式中充分地解决这些问题。这种模式可以通过很多传播样式得以实现，比如展览、科学节日、纸质或在线出版物和游戏。

协作模式

鉴于公司在研究项目中的作用，以及科学传播者就这些项目进行传播的任务，比如因为他们为这个项目的伙伴之一（学界、政府、产业或非营利组织）工作，科学传播本身能成为公私合作的一部分。在这种情况下，重要的是在项目开始时对科学传播者创作的内容的独立性进行协商和保证，比如通过设置一个独立咨询委员会的方式来做到。应该有效地提请公众注意权益披露，比如，作为版权页的一部分，项目的所有贡献者都会被提及。这种模式可以应用于同样范围的传播样式，比如展览、科学节日、纸质或在线出版物和游戏。

创业模式

科学传播还可以服务于私人公司或产业界的商业利益。科学传播项目由私人公司所赞助或委托，或者私人公司真正地组织的科学传播项目，就属于这种情况。在赞助的情况下，应该有一个把赞助者对项目内容的任何影响都排除在外的契约。同样，权益披露，比如在项目的版权页中，是必要的。在这种模式中，科学传播者重视利益相关者独特的作用和利益的责任仍然是至关重要的。遮蔽商业利益不仅是不合伦理的，而且会使对项目以及一般意义上的科学研究的合法性和认知处于危险境地。出于同样的原因，解决和解释公私合作的情境会有助于促进公众理解和支持。以上提及的所有的传播样式都是适合的，但是在赞助的形式或广告的形式中会有更多的商业色彩。

参考文献

Balvert, F., Hulskamp, M., & Zgaoui, S. (2014). *Prepare for 15 seconds of fame: Media contacts for researchers*. Rotterdam: Trichis Publishers.

Bandelli, A., & Konijn, E. A. (2012). Science Centers and Public Participation: Methods, Strategies, and Barriers. *Science Communication*, *35*(4), 419–448. doi: 10.1177/ 1075547012458910

Braun, K., & Könninger, S. (2018). From experiments to ecosystems? Reviewing public participation, scientific governance and the systemic turn. *Public Understanding of Science*, *27*(6) 674–689. doi: 10.1177/0963662517717375

Bush, V. (1945). *Science, The Endless Frontier.* Washington: National Science Founda-tion.

Carayannis, E. G. & Campbell, D. F. (2009). 'Mode 3' and 'Quadruple Helix'：toward a 21st century fractal innovation ecosystem. *International Journal of Technology Management*, *46*(3–4), 201–234. doi: 10.1504/IJTM.2009.023374

Critchley, C. R., & Nicol, D. (2011). Understanding the impact of commercialization on public support for scientific research: Is it about the funding source or the organization conducting the research? *Public Understanding of Science*, *20*(3), 347–366. doi: 10.1177/0963662509346910

Elzinga, A. (2010). New Public Management: Science policy and the orchestration of university research–academic science the loser. *The Journal for Transdisciplinary Research in Southern Africa*, 6(2), 307–332. Retrieved from http://dspace.nwu.ac.za/handle/10394/3861

Etzkowitz, H. & Leydesdorff, L. (1995). The Triple Helix–University–Industry–Government Relations: A Laboratory for Knowledge Based Economic Development. *EASST Review 14*(1), 14–19. Retrieved from http://dare.uva.nl/document/2/935

European Commission. (2013). Special Eurobarometer 401 on Responsible Research an Innovation (RRI).

European Commission. (2016). Horizon2020 website: https://ec.europa.eu/programmes/horizon2020/en/what-horizon-2020

Fapesp. (2013). Fapesp 2012: Annual Activity Report. São Paulo: São Paulo Research Foundation. Retrieved from www.fapesp.br/en/5437

Fapesp. (2016). Fapesp website. www.fapesp.br/en/5385

Gregory, J. (2016). "The price of trust—a response to Weingart and Guenther". *JCOM, 15*(06), Y01.

House of Lords. (2000). Third report: Science and society. Retrieved from www.publications.parliament.uk/pa/ld199900/ldselect/ldsctech/38/3801.htm

Ioannidis J. P. A. (2005). Why Most Published Research Findings Are False. *PLoS Med, 2*(8), e124. https://doi.org/10.1371/journal.pmed.0020124

Irwin, A. & Horst, M. (2016). Communicating trust and trusting science communication—some critical remarks. *JCOM, 15*(06), L01.

Jasanoff, S. (2005). Judgement under siege: The three-body problem of the expert legitimacy. In S. Maasen & P. Weingart (Eds.), *Democratization of Expertise? Exploring novel forms of scientific advice in political decision making. Sociology of the Sciences*, (pp. 209–224). Retrieved from http://link.springer.com/chapter/10.1007%2F1-4020-3754-6_12

Jones, R. J. (2011). Introduction: Public engagement in an evolving science policy land-scape. In D. J. Bennet & R. J. Jennings (Eds.), *Successful Science Communication: Telling It Like It Is* (pp. 1–13). Cambridge: Cambridge University Press.

Miller, J. D. (1983). *The American People and Science Policy: The role of public attitudes in the policy process*. New York: Pergamon Press.

Millstone, E. & Van Zwanenberg, P. (2000). A crisis of trust: For science, scientists or for institutions? *Nature Medicine, 6*, 1307–1308. doi: 10.1038/82102

NWO. (2010). Nederlandse Organisatie voor Wetenschappelijk Onderzoek. *Groeien met kennis: Strategienota NWO 2011-2014.* Den Haag: NWO. Retrieved from www.nwo.nl/overnwo/X+publicatie/nwo/strategienota-2011-2014-

groeien-met-kennis.html

Paisley, W. J. (1998). Scientific literacy and the competition for public attention and understanding. *Science Communication*, *20*(1), 70–80. doi: 10.1177/1075547098020001009

Wagner-Egger, P., Bangerter, A., Gilles, I., Green, E., Rigaud, D., Krings, F., ... Clémence, A. (2011). Lay perceptions of collectives at the outbreak of the H1N1 epidemic: heroes, villains and victims. *Public Understanding of Science*, *20*(4), 461–476. doi: 10.1177/0963662510393605

Weingart, P., & Guenther, L. (2016). Science communication and the issue of trust. *JCOM*, *15*(5), C01.

Wiedenhoff, N. (2000). Wetenschaps- en techniekvoorlichting: Op zoek naar balans tussen Apollo en Dionysos. *Gewina*, *23*, 228–239. Retrieved from: www.gewina.nl

4 参与科学与社交媒体：跨越利益、目标和平台的传播

埃米莉·豪厄尔，多米尼克·布罗萨德

信息和新闻环境越来越由网络媒体所组成，尤其是21世纪初以来，社交媒体平台的不断发展和演化（Greenwood, Perrin, Duggan, 2016; Newman等，2017）。尤其对科学信息和新闻来说，这种变迁最为明显。随着传统媒体的收缩，相较于其他新闻版面，他们经常会削减他们的科学版面（Brossard, 2013; Brossard & Scheufele, 2013; Brumfiel, 2009; Newman等，2017; Peters等，2014），科学记者、科学传播者、对科学感兴趣的公众和科学家自己迁移到了仅存在于网络之上的媒介中，比如博客和社交媒体平台，以共享和了解科学相关信息（Brumfiel, 2009; Brossard & Scheufele, 2013; Pew Research Center, 2016）。

因为这些变化，科学家和科学传播者越来越依赖社交媒体与同行、利益相关者和感兴趣的公众进行交流。然而，全新的且正在变化的社交媒体环境也带来了一些特征，这些特征可能推动也可能限制成功的传播和参与。因为不好的传播通常要比没有传播更糟糕，对于传播者来说，重要的是要理解特定媒体平台和平台之间的特征，以及这些特征是如何促进或阻碍了特定群体之间的传播，如何促进或阻碍了传播的目标。

以社交媒体情境中越来越多的科学传播研究为基础，本章概述了在遍及各种传播目标上对科学信息开展的成功地参与方面我们已经了解了什么。第一部分首先描述了科学家和科学传播者为何以及如何使用社交媒体：吸引传播者参与到这些平台中的社交媒体的特征，包括科学家和科学传播者自己在

工作或闲暇时利用社交媒体所感知到的激励，以及传播者如何频繁地在不同社交媒体平台之间改变他们的方法。然后本章的第二部分转向不同平台之间的利弊，或者说需要注意的具体特点。鉴于一般意义上的社交媒体平台以及不同平台具体特征的高更新率，这一部分对平台设计的各方面描绘了一幅更加粗线条的画面，利用来自当前突出的或正在成长的平台的例子来思考何时通过任一个平台来进行传播，比如脸书、推特、油管、INS 和红迪网（Reddit）。第三部分对科学传播研究和培训如何帮助在社交媒体方面形成最好的实践，以及传播者如何从这些领域中获益并促进这些领域的发展以深化未来的科学传播进行概述。

科学传播者为何需要以及如何通过社交媒体参与科学传播

除了对科学感兴趣的公众和科学传播者之间日益增强的互动使得人们越来越多地转向网络媒体进行传播和寻找信息外，社交媒体的几个重要特征也促进了传播者使用这些平台进行传播。首先，重要的是要注意到，有关传播和参与的文献通常在单向传播和双向传播之间做出有益的区分，后者描述了更高水平的参与，同时有些类型学区分了"传播"和"参与"（见 Irwin，2014；Rowe & Frewer, 2016 的概述）。在实践中，对传播和参与进行界定的重要因素（提供信息以及与他人进行互动并倾听他人）往往是混合在一起的，尤其是在社交媒体环境下。清晰地界定参与和传播不是本章的目的。相反，我们会通篇使用"传播"这个术语，并把它作为共享信息的一个总括性术语，当就人们多么频繁地进行传播以及他们是否参加到了双向传播之中不同的层次进行强调时才会提到参与。在选择传播目标和策略时，理解一个传播者想要达到的或参与的水平这一组成要素是重要的，这也是本章的一个焦点。

像在引言中提到的那样，通过社交媒体进行科学传播的一个很大的激励因素是，这些平台越来越成为传播空间所存在的地方，尤其是围绕着科学议题的传播空间。很多对科学感兴趣的公众会在网络上搜索科学新闻，并利用社交媒体来获取新闻和消遣（Newman 等，2017；Funk, Gottfried, Mitchell, 2017），与诸如面对面的活动、纸质传播和新闻或电视纪录片及广播片段这样的传统传播手段相比，任何人都可以利用相对有限的时间和资源在社交媒体上生产内容。不依赖更传统的媒体渠道生产和分配内容还意味着，社交媒体上的科学传播可以融入更个人化且不那么正式的格式和内容（Brumfiel, 2009）。很多科学家和科学传播者表明，他们有共享内容的内在动机，比如自我表现的潜力（Rainie & Wellman, 2012），对科学信息的好奇心和兴趣（Collins, Shiffman, Rock, 2016；Ranger & Bultitude, 2016）以及想要建立同行和公众的合作与社区（Collins 等，2016）等。很多常规的科学信息搜寻者会因为类似的动机而专注于特定科学的博客和其他社交媒体内容（Jarreau & Porter, 2017）。

获得那些对科学感兴趣的公众之外的人的外在奖励和机会也会激励很多科学传播者利用社交媒体平台。对于很多传播者来说，通过社交媒体进行传播可以成为他们职业构建策略的一部分。传统媒体和网络媒体的记者通常会利用诸如推特这样的社交媒体平台来获得故事线索（Broersma & Graham, 2012；Brumfiel, 2009），这会增加传播者工作的传播范围，社交媒体也可能提升文献的引用率以及引起公众对科学家的研究的关注（Haustein 等，2014；Jia, Wang, Miao, Zhu, 2017；Liang 等，2014；Rainie & Wellman, 2012；Thelwall, Haustein, Lariviere, Sugimoto, 2013）。

因为社交网络和在线信息网络的结构，传播可以根据兴趣和特征以一个具体群体为目标，或者可以跨多个不同的网络进行扩散。如本章第三部分对科学传播培训的更多细节所描述的那样，这种灵活性和对信息控制的不同水平也能为传播者提供激励（Jia 等，2017；Pavlov 等，2017）。平台和传播方法的类型范围也带来了让不同受众参与进来的不同层次的可能性，以及对并非典型的科学狂热爱好者进行传播的机会。对于通过社交媒体共享信息的很多科学家和科学传播者来说（Howell 等，2018），与对科学感兴趣的公众的双向参与（Mahrt & Puschmann, 2014；Yeo & Brossard, 2017）、让科学和科学研究日常运作的各方面更易于获得和开放（Stilgoe, Lock,

Wilson, 2014; Van Noorden, 2014; Yeo & Brossard, 2017; Yeo 等, 2017）以及增强与公众和决策者之间的相关性（Allgaier 等, 2013）都是很强的激励。

混合的媒体途径：不同平台特征的利弊

虽然社交媒体平台的特征会让它们非常适合双向传播，但是社交媒体任何独有的特征往往都可能使它们既成为有效传播的一种工具，也成为有效传播的一种障碍。在这一部分，我们会概述一下对在社交媒体上跨一系列平台进行传播来说特别突出以及研究发现的可以帮助和阻碍传播目标实现的某些主要特征。这些通常相互关联的特征是：平台算法和搜索引擎算法；技术上以及社会上产生的过滤泡沫或社会分裂；用户的组成以及平台内容的开放性/公共性水平；社会的以及信息的情境线索，比如平台推荐的报道、文章的评论和所发原文或内容的共享转发；平台布局和网站设计。

算法——谁看到了什么，在哪看到，以及为何会看到

在决定人们在对一个话题搜索信息时会看见什么类型的内容方面，搜索引擎算法发挥着巨大的作用，并且社交媒体平台会持续地改变它们的算法以推动特定的内容出现在用户的首页（见 Oremus, 2016, 2018, 把脸书的算法和它对内容的影响作为案例）。算法的部分影响是由具体的公司决定的，通常是通过提供公司决定用户想看到什么内容以及有可能会利用哪些内容来满足公司的目标，并让收益最大化来实现的（Scheufele & Nisbet, 2013）。部分影响也归因于算法如何对来自用户的信息进行回应，他们通过选择利用哪些链接以及所发的内容来对算法决定什么内容是流行的和相关的产生影响（Scheufele & Nisbet, 2013）。这两种因素交织在一起并相互影响，结果就是因为网络媒体，尤其是社交媒体的结构性要素，特定信息对特定读者变得更容易获取或更不容易获取（Ladwig, Anderson, Brossard, Scheufele, Shaw, 2010; Li, Anderson, Borssard, Scheufele, 2014;

Liang, Anderson, Scheufele, Brossard, Xenos, 2012)。

理解影响算法结果的、受商业保护的黑匣子已经超出了本章的范围以及科学传播者的工作范围。然而，在于这些平台上分享内容之前，传播者确实应该对具体的平台如何组织它的所发内容做一些基础的背景研究（比如，按时间顺序来说，在哪种情况下频繁地发布会变得更重要，或者按照受欢迎程度或"相关性"来说，在哪种情况下采用正确的关键词和标点尤其重要）。不过，这些算法确实重要，在某种程度上它与利用社交媒体的传播者尤其相关，并且有可能带来网络上的碎片化。

网络碎片化——范围和传播效果

网络上的算法旨在产生用户想看到的内容，这种内容通常是与用户短期的个人兴趣和偏好相一致的。结果就是被算法强化了的用户选择会在网络传播情境下产生过滤泡沫——或者说基于兴趣和看法的碎片化和隔离性（Pariser, 2011; Scheufele & Nisbet, 2013）。算法和网络信息环境的其他结构性要素，比如网页之间的链接，通常也会让网络内容产生一个"功率曲线结构"。这种功率曲线的特点是，在曲线的顶端有几个紧密关联且严重拥堵的站点，以及关联较少且访问量较少的站点的一个长尾（Benkler, 2006; Hindman, 2009; Webster & Ksiazek, 2012）。如果位于尾部的站点没有被很好地关联起来，那可能就是存在着彼此相互孤立的碎片化的信息环境的证据。

围绕着碎片化的很多问题与政治话语和公民协商审议有关（Garrett, 2009; Newman 等, 2017），但是对科学传播也有启示。与诸如气候变化这样的政治分歧或极化的政策决定相重叠的科学议题尤其容易受到存在于过滤泡沫之中的在线话语的影响（Yeo, Xenos, Brossard, Scheufele, 2015）。此外，在社会性内容或更聚焦于人类的内容或环境相关内容方面，与更广泛的公众利益没有重叠的科学相关内容只存在于一小群科学积极分子或感兴趣的公众的信息泡沫中（Xenos, Becker, Anderson, Brossard, Scheufele, 2011）。

然而，证据表明，虽然过滤泡沫也确实存在，但是在不同的信息来源之间，甚至是跨社会的分歧和基于利益的分歧之间也有大量的"异花授粉"情形的存在。尤其是社交媒体会鼓励这种横切式的接触。在功率曲线内，尾部和顶峰之间存在着很高水平的重叠和传播（Webster & Ksiazek, 2012）。同样，因为社交媒体的这种混合本质，利用社交媒体的人——虽然在某些情况下会接触到过滤泡沫——也要比那些不利用社交媒体的人在资源方面面临更大的多样性（Flaxman, Goel, Rao, 2016; Newman 等, 2017）。碎片化和"异花授粉"的混合在一定程度上是由于用户的构成以及特定社交媒体平台的"公共性"所导致的，这是接下来我们要讨论的。产生这种混合的另一个原因在于社交媒体平台上的社会线索在算法选择什么信息以及人们会关注和共享什么信息上发挥了作用，关于这一点我们会在后面的部分进行阐述。

用户构成和平台的"公共性"

谁利用了这个平台，以及与更广泛的公众传播相比平台促进了何种程度的小圈子传播，在信息是如何扩散的以及那种传播素材产生的影响方面都发挥了关键作用。对每个传播者来说，更多地依靠个人社交网络的平台，比如脸书，当然会有不同的触及范围，并且会严重地依赖传播者的个人网络。这些更个人且私密的网络可能不太适合于广泛的参与（Collins 等, 2016），并且最好用它来与跟踪具体组织页面的朋友以及感兴趣的公众进行分享（Pavlov 等, 2017）。个人社交网络会影响绝大多数社交网络平台，但是诸如推特和红迪网这样的很多平台也会促进只存在于网络环境中的更广泛的连接，包括与人们可能无法面对面接触的记者或其他从业者以及公众进行更专业的关联和互动（Collins 等, 2016; Broersma & Graham, 2012; Guidry, Jin, Orr, Messner, Meganck, 2017）。

显而易见的是，尤其是对于对具体话题或更广泛意义上的科学感兴趣的人来说，他们通常有可能会获取所有社交媒体平台上的科学相关内容（Jarreau & Porter, 2017）。然而，证据表明，如果这就是目标，不同社交媒体资源及网络与更传统的媒体资源与网络之间的相互连接可以促进接触到更多样化的人群（Howell 等，2018）。本章的最后一部分将更多地聚焦于跨平台的开放性程度和用户组成以及它们基于传播目标而选择正确工具的重要性。不过，我们会在这里简要地提一下这些维度，因为它们对于下一个重要的特征来说很重要，这个特征有助于决定信息如何在社交媒体和更大的传播环境内部及之间流动，也就是围绕和塑造社交媒体平台上的帖子阐释的社会线索和信息情境。

社会线索和信息情境线索——从"恶心效果"到审议式参与

除了初始内容外，所有的社交媒体都有用户生产内容以及会对这些内容的描绘和阐释产生影响的算法和站点设计特征。比如，评论就是围绕着一个故事或帖子的重大的额外信息来源，并且会显著地影响人们如何阐释那个帖子。在破坏性方面，不管这个帖子本身的实际内容是什么，粗鲁的评论会给人们如何认知原帖以及所报道议题的可信性产生负面影响，这种现象被称为"恶心效果"（Anderson, Brossard, Scheufele, Xenos, Ladwig, 2014; Anderson, Yeo, Brossard, Scheufele, Xenos, 2018）。然而，对评论进行审核可以减轻这种负面影响。实验证据表明，哪怕是只有审核（通过告诉读者平台对评论进行了审核）也会把当前粗鲁的评论的影响降低到与文明的评论差不多的水平（Yeo 等，2019）。

对评论进行审核，或者暗示会对评论进行审核不仅能减轻负面评论的影响，还是禁止评论的一个非常重要的替代方式，因为从更积极的方面来说，评论为富有成效的传播和参与提供了机会，这会增加审议式的结果。比如，同不存在参与相比，当记者在当地新闻站点的脸书主页上参与与他们的新闻文章有关的评论时，这些评论就不太可能很粗鲁，并且更有可能是审议式的以及以证据为基础的（Stroud, Scacco, Muddiman, Curry, 2015）。此外，对一个故事进行评论或者分享相关的信息提供了一种机会，能够有效地纠正对于一个科学议题的误解（Bode & Vraga, 2015），并且推荐个体可能更愿意关注的额外的信息来源——因为它们来自他们认为自己知道、信任或者直接接触过的人那里（Turcotte, York, Irving, Scholl, Pingree, 2015）。社会线索（比如谁分享了信息，喜欢，"点赞"，分享和评论的频率）是人们关注的很有影响力的背书。这些线索代表人们对这个故事的相关性，并且通常在激励人们去关注特定信息方面要比诸如政治意识形态这样的其他基于身份的线索更加强劲有力（Messing & Westwood, 2014）。因而，理解一个特定的社交媒体平台如何为围绕着一个帖子的这些类型的补充信息和线索提供机会可以改善传播的有效性。这些特征（分享的能力、审核评论等）为额外的富有成效的传播提供了方向，并且能帮助一个具体的战略性传播触及更多样的人。

站点布局和帖子的设置选项

最后，不同的社交媒体平台在帖子的设计中会允许不同程度的创造性，并且有你可以对其施加影响的不同的站点布局特征（最后一部分会更详细地讨论这些特征）。一般来说，科学内容在网络上得以被提供并且可以被获得这一事实本身就能促进学习（Su, Cacciatore, Scheufele, Brossard, Xenos, 2014），并且通过减少更高社会经济地位的人与较低社会经济地位的人之间科学学习的机会不均等的影响，科学内容在网络上的传播甚至能帮助缩小知识差距（Cacciatore, Scheufele, Corley, 2014）。然后，传播者使用什么平台以及他们产生什么类型的内容应该取决于依据传播目标而做出的深思熟虑的选择：传播者想影响谁，他们想共享什么信息，他们为何进行传播，或者他们想达到什么结果。这些考虑是下一部分的焦点，它考察了利用传播研究来影响科学传播培训和实践。

科学传播培训：从研究到实践的桥梁

在社交媒体上传播科学类似于在任何环境下进行传播，因为传播者需要慎重思考他们的选择，当可能时，还要对方法进行测试和更新，以满足传播目标。在本部分，我们会在实证研究成果的基础上，为思考在社交媒体平台上开发有效的传播策略提供一些简要的建议和要点。［关注美国国家科学院、医学院和工程院的《有效的科学传播：研究议程》（*National Academies of Sciences*，2017）为科学传播研究人员、培训人员和从业者提供了对个人在场的传播环境与被介导的传播环境进行思考的有用指南］。

就像本章第二部分描述的那样，因为社交媒体平台的多样性及其独有的特征，当利用为特定目标和媒介而定制的多管齐下的方法时，科学传播是最有效的（Bik & Goldstein，2013，本文根据传播者的传播动机和投入时间的期望水平为如何选择现有的媒体平台提供了一个有用的图表）。不过，因为特定的平台和它们的特征会随着时间的进展而不断地变化，且变化通常发生在较短的时间内，所以重要的是，不要只聚焦于一个特定的平台，而是要在传播的时候更多地聚焦于它独有的特征上。这包括：在那个时刻不同平台上用户的构成；在一个平台上进行分享的机会有多公开或者私人（或可控）；人们可以用什么格式来分享信息（比如图片、长篇故事或简短的更新）；站点通常如何在首页上以在引导搜索流量方面归类信息；什么评论和相关信息及社会线索构成了信息的情境；以及平台的界面设计。

在涉及传播策略时，我们把它们归为四个需要考虑的更宽泛的领域：

1. 传播目标——对谁以及为了什么目的；
2. 参与的水平以及参与的资源；
3. 感兴趣的话题以及信息格式的类型；
4. 平台的布局和设计，包括双向参与的特征。

传播目标——对谁以及为了什么目的

与任何的传播方法一样，所有传播的第一步都是明确阐述传播的目标是什么（从它如何满足更广泛的内在个人动机或社会动机上来说）以及短期和长期的成功结果是什么样的。不同的目标会引向不同的人。如第二部分所描述的那样，信息到达哪里将取决于一个人选择什么平台以及如何精心打造信息。比如，传统上博客在达到那些已经对一个话题感兴趣并且正在寻找这个话题的那些人方面比较有优势（Jarreau & Porter，2017）。然而，绝大多数其他平台在促进伴随性接触科学信息（如红迪网的首页）或伴随性接触横向的多样化的公众（比如，脸书上社会支持度较高且与个人广泛相关的信息）或者伴随性接触主流记者正在浏览的科学信息（如推特）上有更大的潜力。

当谈及精心制作信息时，传播者所使用的语言以及他们纳入其中的角度或关联会影响信息对不同人的可及性以及相关性。如上所述，把传播的话题从"科学"扩展到更宽泛的人类视角，社会议题，或者很多人都有共同兴趣的话题会让人们感到兴奋，或者会让人们把这看作是与自己的日常生活相关的，并且在促进更多的公共话语和获得更多的关注方面是更有效的（Southwell，2017；Xenos 等，2011）。如果一个话题在某个人想对其进行传播的群体中可能存在争议，那么传播上的失策就会给起初的传播目标带来相反的效果。因而，尤其关键的是，精心策划信息这一步包括对这个话题上的传播和公共舆论文献进行前测并加以利用。幸运的是，像气候变化、疫苗接种和转基因生物这样的争议性话题，也往往是我们对其传播方法和效果研究最多的话题，包括通过社交媒体为传播实践提供信息。

参与资源的层次：时间、金钱和经历

根据传播者在双向参与中的兴趣程度以及在参与中可用时间和资源的数量，可以对不同的平台和所发布内容的类型进行更好的匹配。策划工作应该包括，决定人们想发布或能发布信息的频率，以及他们投入多少精力来对围绕着所发布内容的评论和讨论进行审核与参与。这些决定也与传播者想让他们的帖子以何种程度被获取到有关。可能的情况是，更加公开的帖子就需要投入更多。这是因为起初的准备需要投入时间，以及为有效地在公共环境中传播的后续参与也需要投入时间。起初的准备可能需要更多的投入，因为这条信息旨在达到更广泛的群体，因而需要对信息进行精心的策划，以让它对可能看到或参与进来的大范围的潜在人员有效。对信息在后继话语中的传播进行审核以及确保它继续保持原来的方向也需要投入更即时且更大的努力，目的是促进讨论、回应评论以及解决对更多信息的需求或驳斥错误信息。

担心没有时间或资源来有效地进行传播的传播者或者想要成为更大的传播尝试的一部分的传播者可以在他们的工作场所或研究机构中与传播团队进行合作。这些团队在起初的传播策略和发布消息、持续的参与以及解决难题方面具有专业知识（Chan 等，2017）。如果一个传播者没有获得机构的支持，鉴于他们所拥有的资源和时间，他们仍然可以找到用所期望的方式参与进来的途径。比如，如果一个人可以频繁地发布帖子并进行回应（Pavlov 等，2017），但对于每一个单独的帖子都不会有太多的时间投入的话，那么像推特这样的平台可能会更有效。传播者还可以把触角伸向那些运营科学参与博客或者油管上某些频道的人，或者在网站上担任版主的人［像红迪网上"什么都能问"（Ask Me Anything）系列相关信息的版主］以促成一次性的合作或者更频繁的参与。

感兴趣的话题：争议性的、晦涩的、抢镜的或抽象的

这一部分我们转向信息本身的格式，不同的话题适合不同的内容类型。这个决定也与传播者想要对谁进行传播相重叠。比如，如果向更广泛的公众传播一个晦涩的或抽象的科学话题或概念，把它与更熟悉的概念或共有的价值观及优先性关联起来是有帮助的。为对感兴趣的观众进行的长篇幅的传播，或者把为实现更全面和广泛的传播的一条短而简单的推特信息与为感兴趣的那些人提供更多信息的一个链接结合起来，可能也是有用的。如果一个话题非常抢镜，比如天文学和生态学领域，利用像 Ins 或视频格式这样的平台是到达在科学上较多地以及较少地参与的公众的有效方式（Pavlov 等，2017）。围绕着一个当前的并被频繁地讨论的话题进行的传播或者一个不断地用新信息进行更新的话题进行的传播时，通常用节奏较快且按事件顺序编排的格式比较奏效，比如红迪网上的帖子和推特上的评论。

平台布局以及社会线索和信息线索

最后，额外信息和社会线索会显著地影响信息的吸收和阐释，并为额外的传播和参与提供潜在的方向。这包括评论、共享源自受信任的或已知的来

源的相关故事、算法产生的跟随在一个发出的帖子后面的相关故事，以及用"点赞"和分享的形式出现的社会背书。取决于监控和促进这种参与的时间及资源，不同的平台可能更适合于不同的目标和时间承诺。比如，推特更多的是通过发帖的频率和流通性来运行的，这就要求随着一种讨论的进行要有更多人有意愿持续参与进来，或者有时候需要用户重新发现以前的内容并让它再次复苏。然而，每次参与，或者推文，所需的时间都可能比生产博文或油管视频之类的长篇内容少很多。传播者应该熟悉不同的平台，并且花点时间当一个旁观者，或者用较少的参与承诺来找到他们在策划传播时想要利用的对话的特征和类型。

在对平台进行侦查期间，同样有用的是，要关注这些平台特定的页面设计。媒体中信息的布局会影响人们从内容中如何学到东西以及学到什么东西，这对传播目标和结果来说很重要。线性设计会促进事实学习，而非线性设计则会增加一个读者对所牵涉的议题、行动者和相关联的概念的感知程度（Eveland, Cortese, Park, Dunwoody, 2004）。二者都是可取的目标，一种可能要比另一种更适合于具体的话题或预期结果。比如，如果一个人试图强调一个具体的科学议题是如何与更广阔的情景相关的，那么非线性的设计可能更有利于实现这个目标。

此外，每次只显示一个报道的网站，比如博客页面，都会鼓励用户从一篇具体的文章中进行更多的直接学习，但是用户阅读的时间会较少，接触到的文章也会较少（Kruikemeier, Lecheler, Boyer, 2017）。另外，像报纸那种每一个报道的旁边都有很多其他报道的格式（可以说这是与很多社交媒体网站更加类似的一种格式）可以增加人们用在阅读上的时间总量，并且记起更多元的主题之间的信息（Kruikemeier 等，2017）。

我们需要在这些领域开展更多的研究，但是传播者自己可以通过密切关注社会参与信息（比如"点赞"和分享）在不同平台布局的类型和内容类型上的动向来小规模地正式或非正式采集数据。比如，经常通过油管账号或在一个组织的脸书主页上提供内容的传播者可以联系平台公司，看看公司可以提供什么信息，以帮助评估一条传播内容在给定的平台上的触达程度如何。

如果一种具体的传播活动或策略有效的话，那么进行这种评估性的工作对于了解情况来说就是必要的，要尽可能地考虑到一个人的时间和资源。在一种情境下奏效的传播可能在其他情境下就是浪费时间（除非研究人员就是出于内在的目标而喜欢写作和分享）或者实际上会让传播努力变得更糟。

在这种评估工作中，与科学传播研究人员开展合作对于传播者和研究人员来说都是更加富有成效的。每个群体都有可以作为其他群体的补充的资源和经验。这种合作可以促进严谨的传播研究，确保更成功的传播实践，并形成更充分的科学传播培训。考虑到社交媒体发展的速度之快，对于在日益变迁且重要的社会媒体环境中开展有效的传播来说，以截至目前的重要科学传播研究为基础并且建立新的伙伴关系是至关重要的。

参考文献

Allgaier, J., Dunwoody, S., Brossard, D., Lo, Y.-Y., & Peters, H. P. (2013). Journalism and social media as means of observing the contexts of science. *Bioscience*, *63*, 284–287.

Anderson, A. A., Brossard, D., Scheufele, D. A., Xenos, M. A., & Ladwig, P. (2014). The "Nasty Effect:" Online incivility and risk perceptions of emerging technologies. *Journal of Computer-Mediated Communication*, *19*, 373–387.

Anderson, A. A., Yeo, S. K., Brossard, D., Scheufele, D. A., & Xenos, M. A. (2018). Toxic talk: How online incivility can undermine perceptions of media. *International Journal of Public Opinion Research*, *30*, 156–168.

Benkler, Y. (2006). *The Wealth of Networks: How Social Production Transforms Markets and Freedom*. New Haven, CT: Yale University Press.

Bik, H. M., & Goldstein, M. C. (2013). An introduction to social media for scientists. *PLoS Biology*, *11*, e1001535.

Bode, L., & Vraga, E. K. (2015). In related news, that was wrong: The correction of misinformation through related stories functionality in social media. *Journal of Communication*, *65*, 619–638.

Broersma, M., & Graham, T. (2012). Social media as beat. *Journalism Practice, 6*, 403–419.

Brossard, D. (2013). New media landscapes and the science information consumer. *Proceedings of the National Academies of Science, 110*, 14096-14101.

Brossard, D., & Scheufele, D. A. (2013). Science, new media, and the public. *Science, 339*, 40–41.

Brumfiel, G. (2009). Supplanting the old media? *Nature, 458*, 274–277.

Cacciatore, M. A., Scheufele, D. A., & Corley, E. A. (2014). Another (methodological) look at knowledge gaps and the internet's potential for closing them. *Public Understanding of Science, 23*, 376–394.

Chan, T. M., Stukus, D., Leppink, J., Duque, L., Bigham, B. L., Mehta, N., & Thoma, B. (2017). Social media and the 21st-century scholar: How you can harness social media to amplify your career. *Journal of the American College of Radiology, 15*, 142–148.

Collins, K., Shiffman, D., & Rock, J. (2016). How are scientists using social media in the workplace? *PLoS One, 11*, e0162680.

Eveland, W. P., Cortese, J., Park, H., & Dunwoody, S. (2004). How web site organization influences free recall, factual knowledge, and knowledge structure density. *Human Communication Research, 30*, 208–233.

Flaxman, S., Goel, S., & Rao, J. M. (2016). Filter Bubbles, Echo Chambers, and Online News Consumption. *Public Opinion Quarterly, 80*, 298–320.

Funk, C., Gottfried, J., & Mitchell, A. (2017). Science news and information today. Pew Research Center.

Garrett, R. K. (2009). Echo chambers online?: Politically motivated selective exposure among Internet news users. *Journal of Computer-Mediated Communication, 14*, 265–285.

Greenwood, S., Perrin, A., & Duggan, M. (2016). Social media update 2016. Pew Research Center.

Guidry, J. P. D., Jin, Y., Orr, C. A., Messner, M., & Meganck, S. (2017). Ebola on Instagram and Twitter: How health organizations address the health crisis in their social media engagement. *Public Relations Review*, *43*, 477–486.

Haustein, S., Peters, I., Sugimoto, C. R., Thelwall, M., & Larivière, V. (2014). Tweeting biomedicine: An analysis of tweets and citations in the biomedical literature. *Journal of the Association for Information Science and Technology*, *65*, 656–669.

Hindman, M. (2009). *The Myth of Digital Democracy*. Princeton, NJ: Princeton University Press.

Howell, E. L., Nepper, J., Brossard, D., Xenos, M. A., & Scheufele, D. A. (2019). Engagement present and future: Graduate student and faculty perceptions of social media and the role of the public in science engagement. *PLoS ONE. 14*(5), e021674.

Howell, E. L., Wirz, C. D., Brossard, D., Jamieson, K. H., Scheufele, D. A., Winneg, K. M., & Xenos, M. A. (2018). National Academy of Sciences report on genetically engineered crops influences public discourse. *Politics and the Life Sciences*. *37*(2), 250–261.

Irwin, A. (2014). Risk, science and public communication: Third-order thinking about scientific culture. In M. Bucchi & B. Trench, (Eds.), *The Routledge Handbook of Public Communication of Science and Technology* (2nd edition). New York, NY: Routledge.

Jarreau, P. B., & Porter, L. (2017). Science in the social media age. *Journalism & Mass Communication Quarterly*.

Jia, H., Wang, D., Miao, W., & Zhu, H. (2017). Encountered but not engaged: Examining the use of social media for science communication by Chinese scientists. *Science Communication*, *39*, 646–672.

Kruikemeier, S., Lecheler, S., & Boyer, M. M. (2017). Learning from news on different media platforms: An eye-tracking experiment. *Political Communication*, *00*, 1–22.

Ladwig, P., Anderson, A. A., Brossard, D., Scheufele, D. A., & Shaw, B. R. (2010). Narrowing the nano discourse. *Materials Today*, *13*, 52–54.

Li, N., Anderson, A. A., Brossard, D., & Scheufele, D. A. (2014). Channeling Science Information Seekers' Attention? A Content Analysis of Top-

Ranked vs. Lower-Ranked Sites in Google. *Journal of Computer-Mediated Communication, 19*, 562–575.

Liang, X., Anderson, A. A., Scheufele, D. A., Brossard, D. & Xenos, M. A. (2012). Information snapshots: What Google searches really tell us about emerging technologies. *Nano Today, 7*, 72–75.

Liang, X., Su, L. Y.-F., Yeo, S. K., Scheufele, D. A., Brossard, D., Xenos, M., ... Corley, E. A. (2014). Building Buzz: (Scientists) Communicating Science in New Media Environments. *Journalism & Mass Communication Quarterly, 91*, 772–791.

Mahrt, M., & Puschmann, C. (2014). Science blogging: An exploratory study of motives, styles, and audience reactions. *Journal of Science Communication, 13*, 1–17.

Messing, S., & Westwood, S. J. (2014). Selective exposure in the age of social media. *Communication Research, 41*, 1042–1063.

National Academies of Sciences (2017). Communicating Science Effectively: A Research Agenda. Washington, DC.

Newman, N., Fletcher, R., Kalogeropoulos, A., Levy, D. A. L., & Nielsen, R. K. (2017). Reuters institute digital news report. Reuters Institute.

Oremus, W. (2016). Who controls your Facebook feed? *Slate.* www.slate.com: The Slate Group.

Oremus, W. (2018). The great Facebook crash. *Slate.com*, June 27, 2018.

Pariser, E. (2011). *The Filter Bubble: How the New Personalized Web Is Changing What We Read and How We Think*. New York, NY: Penguin.

Pavlov, A. K., Meyer, A., Rösel, A., Cohen, L., King, J., Itkin, P., ... Granskog, M. A. (2017). Does your lab use social media? Sharing three years of experience in science communication. *Bulletin of the American Meteorological Society*, June, 1135–1146.

Peters, H. P., Dunwoody, S., Allgaier, J., Lo, Y.-Y. & Brossard, D. (2014). Public communication of science 2.0: Is the communication of science via the "new media" online a genuine transformation or old wine in new bottles? *EMBO Rep, 15*, 749–753.

Pew Research Center (2016). News use across social media platforms. The Pew Research Center.

Rainie, L., & Wellman, B. (2012). Networked creators. *Networked: The New Social Operating System.* Cambridge, MA: MIT Press.

Ranger, M., & Bultitude, K. (2016). 'The kind of mildly curious sort of science interested person like me': Science bloggers' practices relating to audience recruitment. *Public Understanding of Science, 25*, 361–378.

Rowe, G., & Frewer, L. J. (2016). A typology of public engagement mechanisms. *Science, Technology, & Human Values, 30*, 251–290.

Scheufele, D. A., & Nisbet, M. C. (2013). Commentary: Online news and the demise of political disagreement. *Annals of the International Communication Association, 36*, 45–53.

Southwell, B. G. (2017). Promoting popular understanding of science and health through social networks. In K. H. Jamieson, D. M. Kahan & D. A. Scheufele (Eds.), *The Oxford Handbook of the Science of Science Communication.* Oxford, UK: Oxford University Press.

Stilgoe, J., Lock, S. J., & Wilsdon, J. (2014). Why should we promote public engagement with science? *Public Understanding of Science, 23*, 4–15.

Stroud, N. J., Scacco, J. M., Muddiman, A., & Curry, A. L. (2015). Changing deliberative norms on news organizations' Facebook sites. *Journal of Computer-Mediated Communication, 20*, 188–203.

Su, L. Y.-F., Cacciatore, M. A., Scheufele, D. A., Brossard, D., & Xenos, M. A. (2014). Inequalities in scientific understanding. *Science Communication*, 36, 352–378.

Thelwall, M., Haustein, S., Lariviere, V., & Sugimoto, C. R. (2013). Do altmetrics work? Twitter and ten other social web services. *PLoS One, 8*, e64841.

Turcotte, J., York, C., Irving, J., Scholl, R. M., & Pingree, R. J. (2015). News recommendations from social media opinion leaders: Effects on media trust and information seeking. *Journal of Computer-Mediated Communication, 20*, 520–535.

Van Noorden, R. (2014). Scientists and the social network. *Nature, 512*, 126–129.

Webster, J. G., & Ksiazek, T. B. (2012). The dynamics of audience fragmentation:

public attention in an age of digital media. *Journal of Communication, 62*, 39–56.

Xenos, M. A., Becker, A. B., Anderson, A. A., Brossard, D., & Scheufele, D. A. (2011). Stimulating upstream engagement: An experimental study of nanotechnology information-seeking. *Social Science Quarterly, 92*, 1191–1214.

Yeo, S. K., & Brossard, D. (2017). The (changing) nature of scientist–media interactions: A cross-national analysis. In: K. H. Jamieson, D. M. Kahan, & D. A. Scheufele (Eds.), *The Oxford Handbook of the Science of Science Communication.* New York, NY: Oxford University Press.

Yeo, S. K., Liang, X., Brossard, D., Rose, K. M., Korzekwa, K., Scheufele, D. A. & Xenos, M. A. (2017). The case of #arseniclife: Blogs and Twitter in informal peer review. *Public Underst Sci, 26*, 937–952.

Yeo, S. K., Su, L. Y.-F., Scheufele, D. A., Brossard, D., Xenos, M. A., & Corley, E. A. (2019). The effect of comment moderation on perceived bias in science news. *Information, Communication & Society, 22*, 129–146.

Yeo, S. K., Xenos, M. A., Brossard, D., & Scheufele, D. A. (2015). Selecting our own science: How communication contexts and individual traits shape information seeking. *The Annals of the American Academy of Political and Social Science, 658*, 172–191.

第二部分

科学传播培训的设计与评估

5 培训科学家在不断变化的世界中开展科学传播

✐ 托斯·加斯科因，詹尼·梅特卡夫

引言

理想环境下，科学传播应该是科学过程中很自然的一部分。但在现实世界中，很明显，科学传播过程的某些方面需要科学家和研究机构付出更多的努力才能完成。最困难的因素是与公众打交道，科学家通常认为这是一项干扰了他们的真正研究的额外任务。

（加斯科因，2006年）

为了应对这一挑战，科学家需要接受相应的培训。我们在1992年举办了第一次培训讲习班。这次培训讲习班在澳大利亚北部地区的罗克汉普顿举行，参加培训讲习班的是在澳大利亚联邦科学与工业研究组织（CSIRO）热带作物和牧场部门工作的12名科学家。培训讲习班的主题是媒体技能培训，持续了两天。我们共同主持了这个讲习班，邀请了4位记者来讲述他们是如何工作的，并让科学家们练习采访技巧。

这是我们从那时起开办的约1700个讲习班中的第一个。我们曾多次回到罗克汉普顿授课，但我们的业务范围已扩展到澳大利亚各地，并遍及全球约20个国家，从哥伦比亚和肯尼亚，到埃塞俄比亚、德国、巴布亚新几内亚，乃至整个太平洋地区。

随着经验的积累和反馈的增加，我们对讲习班进行了一些调整，但一些原则从未改变：鼓励人们讨论的"回"字形会场设置；高度实践性的课程，鼓励参与者将刚刚学到的东西付诸实践；邀请给会议带来新鲜感和活力并能提供个人反馈的两位主持人；以及向所有参与者提供他们参与讲习班的录像。我们所有的讲习班都将重点放在科学传播的目标受众上：他们已经知道了什么？他们想知道什么？他们熟悉科学传播的术语吗？

我们也扩展了讲习班的主题范围，[1]讲授内容涉及演讲技巧、读者写作、沟通规划、社交媒体使用、媒体危机管理，以及（最近增加的）使用智能设备录制和编辑科学素材等。我们还有为国际团体设计的把这一系列主题结合起来的为期一周的大师班。

用于培训的设备也进行了升级。起初，我们需要在飞机的行李里装一台大型摄像机和一堆录像带；现在，摄像机变小了，可以随身携带，参与者的录像也被复制在 U 盘里赠送给他们。随着科学家们的时间越来越紧张，讲习班的时长也从两天调整为一天。

讲习班是如何开始的以及为什么开始

在讲习班出现之前的几年里，科学家们被鼓励公开谈论他们的工作。各国政府需要他们向公众证明增加科学支出的合理性，因为缺乏公众支持会带来潜在的政治风险。研究机构和科学家有充分的理由来解释他们科学工作的益处：证明公共资金支出的合理性，让人们为即将到来的变化做好准备，并为未来做好谋划。公众也希望得到保证：科研资金的使用是明智的，科学研究符合大众的利益，伦理敏感性能够得到尊重，公众的好奇心能够得到满足。

澳大利亚政府历届的科学部长都敦促科学家在媒体上要积极活跃。部长们有时会委婉地提出建议：

> 我很高兴我手头有了维持联邦科学与工业研究组织的资金水平所需要的信息。我必须有一个活跃的信息流，在媒体上看到有关联

邦科学与工业研究组织的适时报道时对增加我们的项目支持总是很有帮助的。[2]

有时是很直接的建议："(科学家)必须走出去，推销自己"；[3]有时是挑衅性的谩骂："科学家是懦夫"。[4]

澳大利亚最大的研究机构——澳大利亚联邦科学与工业研究组织也同样鼓励他们的科学家进行科学传播。1990年，澳大利亚联邦科学与工业研究组织首席执行官约翰·斯托克（John Stocker）博士在发起"大使计划"时说：

> 科学传播是每个澳大利亚联邦科学与工业研究组织成员的责任。为了支持我们即将到来的预算谈判，我邀请全体员工参与一场全面的信息宣传活动，以证明澳大利亚对其主要研究机构的投资是物有所值的。[5]

这与15年前澳大利亚联邦科学与工业研究组织首席执行官发表过的类似声明相呼应（Eckersley & Woodruffe, 1984）。

在某种程度上，这是为了消除公众对科学的理解和态度的担忧（Eckersley, 1984）。在审查了关于澳大利亚公众对科技的态度的六项调查之后，理查德·埃克斯利（Richard Eckersley）得出结论：

> 澳大利亚人对科技进步拍手称赞的同时也感到担忧……我们通常认为科技是一件好事，但对其不断增长且似乎无法控制的力量却感到威胁……事实上，我们当中很少有人觉得自己对科学技术非常了解，这可能会加剧这种焦虑。
>
> （埃克斯利，1987，p.1）

虽然伊恩·巴恩斯（Ian Barns）（1989, p.22）声称"大众媒体表征可能是塑造公众对科学和技术认知的最重要的持续影响力，但诸如教育、对技术过程或产品的直接体验，以及与科学的直接联系这样的媒体以外的因素也影响了这些态度。"多萝西·内尔金（Dorothy Nelkin，1990）对美国的情况也做出了类似的评论。

如果科学家们不进行科学传播，其后果可能会影响深远。朱利安·克里布（Julian Cribb），曾在1990年至1996年为报纸《澳大利亚人》（*The Australian*）撰写科学文章，他提供了一个发人深省的场景。

对科学传播关注不足的代价很高，明显体现在以下几个方面：

- 20世纪80年代至90年代，政府对科学研究的实际资助和支持减少；
- 聪明的澳大利亚年轻人逐渐远离科学研究和职业生涯；
- 因为当地公司看不到把科学发现商业化的机会，澳大利亚人在海外做出的科学发现减少；
- 科学基础设施（建筑、设备和其他技术支持）的老化；
- 广大民众的技术意识淡薄，导致了低技术的社会环境，出口廉价而粗糙的商品，进口昂贵而复杂的商品；
- 国民财富水平和生活水平长期下降。[6]

因此，科学家们被鼓励通过媒体来宣传他们的工作，媒体也正拭目以待（Metcalfe & Gascoigne，1995）。但许多科学家对媒体感到困惑。他们不明白记者是如何选择新闻的，也不知道他们感兴趣的新闻是什么，不清楚他们如何收集新闻素材，也不明白记者们面临的残酷的截稿期限。科学家缺乏必要的技能和经验，无法有效地利用媒体。对科学家展开媒体技能培训是一个改善这种情况的途径。

来自澳大利亚和海外的一些部长、首席执行官和评论员们一致认为：科学家需要向公众宣传他们的工作。这是有利于他们的举措，在1990年和1991年，澳大利亚联邦科学与工业研究组织为科学家提供了一门提升科学家的媒体技能的课程。澳大利亚联邦科学与工业研究组织的企业公共事务部与电视记者帕特里克·奥尼尔（Patrick O'Neill）签订了合同，邀请他为科学家举办每期一天的实践和理论课程。课程由公共事务部资助，参与者需支付100美元。

1992 年年初，奥尼尔离开了澳大利亚联邦科学与工业研究组织，回到电视台工作。他的离开留下了一片空白。由于没有任何培训计划，澳大利亚联邦科学与工业研究组织的 35 个部门中，有几个部门聘请了外部的媒体顾问，其他部门则提供由其传播经理负责的培训课程（重要的是，当时各部门在员工媒体培训等问题上有很大的自主权）。

我们的讲习班始于 1992 年，当时詹尼·梅特卡夫决定为她所在的澳大利亚联邦科学与工业研究组织的一个部门——热带作物和牧场部（Tropical Crops and Pastures）的科学家提供媒体技能培训。由于对他们工作的环境有了一定的了解，所以她想办一个专门为科学家量身定做的讲习班。商业课程并不合适，因此，她找到了澳大利亚联邦科学与工业研究组织在堪培拉的环境力学中心（Center for Environmental Mechanics）的同事托斯·加斯科因，在托斯的建议下，他们共同开发了一门课程。

我们在媒体技能讲习班中开发了一种形式和风格，并将其应用于包括演讲技能在内的其他领域的讲习班中。

科学家媒体技能讲习班

讲习班的目的

我们有一些与媒体打交道的经验。珍妮是一名受过大学教育的记者，在加入澳大利亚联邦科学与工业研究组织之前曾与多家媒体合作。托斯此前偶尔担任自由记者。在澳大利亚联邦科学与工业研究组织，我们参与推出了一些新项目，如"聪明的三叶草"（Clever Clover）与农业牧场播种机、带式播种机和海岸带项目；我们既撰写新闻稿，也与记者密切合作。

讲习班的目标很简单。我们的第一个目标是揭开媒体的神秘面纱。很少接触媒体运作的科学家不知道它是如何运作的。他们没有真正理解图片对电视新闻报道的重要性；不清楚适用于大多数媒体报道的固定公式；不了解广播新闻的即时性会使得 20 分钟后再回复可能为时已晚。

我们的第二个目标是把科学家介绍给真正的新闻记者。这是两个有着强烈刻板印象的群体：当科学家们想到自己出现在媒体上时，他们想到的画面是，一位惊世骇俗的节目主持人直言不讳地对他们进行拷问；当记者们想到科学家时，他们就会想到《菜鸟大反攻》(Revenge of the Nerds)中的画面。这就形成了一种相互猜疑的关系。我们希望充当介绍人的角色，把科学家和记者聚集在一起，并表明尽管他们之间存在着分歧，但也可以有利益的共同性。

第三个目标是让科学家们获得采访的实际经验。有关报纸、广播和电视的实践以及一点知识可以产生巨大的影响。一个科学家掌握了应对电视采访的 5 个技巧并且在培训期间有了 10 分钟的模拟出镜经验，就能更有信心地进行真正的采访。

项目构建

我们在构建这个项目时参考了许多资料。我们工作的一个功能是充当科学家的引导者和中间人，以让他们的故事出现在媒体上，这种经验帮助我们制定了广泛的议程。我们以前的新闻工作经验很有用处，可以把它作为相关的课程。

我们查阅了相关文献，采用了两本书——迈克尔·肖特兰德(Michael Shortland)和简·格雷戈里(Jane Gregory)的《传播科学》(Communicating Science)和爱奥拉·马修斯(Iola Mathews)的《如何在澳大利亚使用媒体》(How to Use the Media in Australia)。为了使课程内容多样化并富有启发性，在让讲习班形成体系方面，我们还借鉴了我们以前作为中学教师的经验。

我们在研究方面花了几个月的时间（在完成正常工作的同时）整理笔记和创建框架。准备工作的内容覆盖了新闻通稿和筹备发布会，其中一些环节会强调广播、电视和印刷媒体的优先次序。所提供的备忘录包括新闻通稿的副本、最新消息和（上文引述过的）朱利安·克里布(Julian Cribb)的一篇论文。

媒体讲习班的核心是新闻记者的介入。我们很快了解到，科学家们真的很喜欢与记者会面，并设法向那些通常没有受过多少理科教育的记者解释他们的工作（澳大利亚大多数记者的教育背景都是人文或社会科学相关专业）。我们从一开始就雇用电视、纸媒和广播中的新闻记者，通过有偿的方式让他们来主导一个环节，介绍自己的工作并采访参与培训的科学家。

我们通过给当地电视台或报纸打电话来组织有时间参加培训的记者。我们喜欢把新闻记者、科学专业人员和可能会报道任何故事（选举、地震灾难、谋杀或者科学故事）的通才记者结合起来。对科学家来说，重要的是他们要学会向专家型记者和通才记者讲述自己的故事。雇用新闻记者的一个好处是，他们使讲习班与时俱进。媒体是不断变化的，虽然作为主持人的我们有良好的背景知识，但是我们并不总是熟悉最新的事态发展。

讲习班形式

现在，媒体技能讲习班通常持续一天，而不是两天，从上午9点到下午5点，正常情况下最多有10名参与者。讲习班强调实用性：所有的参与者都将接受至少三次关于他们报道的采访。讲习班也是非正式的：我们鼓励科学家提出疑问以及提出新的问题。这不是一系列讲座，而是讨论和实践练习。

在讲习班上，参与者坐成"回"字形，现场有一台摄像机和一个三脚架，房间前面有一个屏幕和一块白板。我们会给所有参与者发一本60页的笔记小册子。在讲习班开始前一周，参与者们会寄来一份想在讲习班期间完成的报道大纲。

讲习班程序

我们首先询问参与者以下的这些问题中哪些问题最重要，让他们从中选出三个，这些问题包括：

- 了解记者工作的压力和限制；
- 在不影响科学质量的前提下，如何裁剪科学信息以适应媒体；
- 获得在电视、广播和印刷媒体方面的采访经验；
- 处理难题；

- 了解记者让报道成功的因素。

尽管讲习班后的反馈往往将与记者的互动作为亮点，但是讲习班开始前，科学家们几乎无一例外地选择了第二个问题，很少有人选择第一项。我们对项目进行了调整，以解决参与者优先选择的问题。

在科学家们进行了初步讨论后，第一个记者会入场并开展大约一个小时的讲习班，讲习以电视新闻的对话开始：

- 你每天写多少篇新闻报道？
- 你如何选择报道？想法从何而来？
- 对科学家的采访通常持续多长时间？
- 你会问什么问题？
- 怎样获得所需要的足够的图片和镜头？
- 一篇标准的报道有多长？

30分钟后，记者、摄像机和其中一名主持人移到另一个房间，科学家逐个到另一个房间接受简短（5分钟）的采访，并听取记者的反馈。

当采访还在进行的时候，其他参与者准备对他们的报道中最重要或最有趣的方面进行简单描述。上午11点，第二名来自纸媒的记者到达。随后，每位参与者将读出他们的报道构思，记者就研究及其意义提出问题，然后对报道在报纸上的位置（新闻版面、专家版面或专题报道）提出反馈。

当单独的电视采访结束，参与者都回到主厅后，纸媒记者开始讨论：

- 报纸、杂志与电视有何不同？
- 照片有多重要？
- 记者通过电话采访还是直接拜访科学家？
- 副编辑的工作内容是什么，他们在改变你的原始报道之前会征求你的意见吗？
- 谁给报道确定标题？
- 记者如何从所有的邮件、推特和媒体发布中选择写哪些报道呢？

与电视或广播记者相比，纸媒记者更有可能更加了解科学。他们可能没有正式的科学资历，但具有科学问题和该领域工作人员积累的工作知识。

第三位记者来自广播电台，这次会议遵循同样的模式：先进行讨论，然后进行单独采访。采访在一个单独的房间进行，其余的与会者将进行各种练习：

- 了解他们在采访中想要表达的要点；
- 学习如何抓住要点，不被分散注意力；
- 如何处理他们不能（或不想）回答的问题；
- 了解组织的科学传播者如何帮助他们；
- 处理突如其来的采访；
- 在媒体上发布信息的价值。

我们会安排一个新颖的练习来测试参与者对电视报道结构的理解。参与者们被问到三个问题：

1. 一个标准的电视新闻报道要播多长时间？
2. 科学家的"片段"或"原声摘要"有多长？
3. 这个报道使用了多少张不同的图片？换句话说，摄影机从一个镜头切换到另一个镜头的次数有多少次？

他们的答案被记录在白板上（可能会有数量级变化），然后我们会向参与者展示三个电视新闻中的科学报道。一名参与者记录报道的长度，另一名参与者记录科学家的"原声摘要"，其他人则计算镜头数。几乎所有人都会错误预估报道中的镜头数，参与者总是低估了90秒电视新闻中的图片数量。

这个练习有两个目的：一是展示图片是制作电视新闻报道的关键，新闻报道总是需要很多图片；二是展示电视新闻的公式化。所有的报道都遵循一种格式：它们的长度差不多（90秒）；从科学家那里"抓取"来的图片出现时长为3到12秒之间；记者需要25张左右不同的图片来制作报道。对科学家来说，这是一个惊喜：

令我惊讶的是，电视和印刷媒体非常喜欢采用图片制作报道。看了几条新闻，数了数不同的镜头……我们很快就相信，对于电视来说，画面就是报道。[7]

科学家们都是懂得逻辑思维的人，一旦他们理解了这些结构，他们就可以利用它们发挥巨大的作用。

科学家遇到的难题

在利用媒体这一方面，科学家一直有一个特殊的困难：在许多方面，他们的训练和经验与媒体所需要的不一致。例如，多年的教育已经灌输给科学家，他们应该直接、全面、准确地回答问题。但在接受采访时，尤其是在接受电子媒体采访时，他们为了自己的最大利益，可能会回避这个问题，而不是重复他们想要表达的主要观点。他们可能会讲太多细节，可能会让记者感到困惑。或者他们会为了自己的利益而表达得过于诚实，在麦克风或摄像机前表现出犹豫，这种情况常发生在他们被问到职业生涯的问题时，比如：在这个地区，你认为政府做得够吗？

当我们的参与者被告知他们应该在媒体采访开始之前就知道自己想说什么时，他们都吓了一跳。他们通常的采访技巧是坐等提问。他们会把采访当成是一场智慧的对话，忘记了他们是专家，而记者可能知之甚少。我们指出，科学家的责任是确保报道以他们想要的方式进行而且他们需要处于主导地位。这可能需要一些轻微的引导，比如："你提出了一个有趣的问题，但关于我的工作的主要观点是……"我们不是在教科学家成为政客；相反，他们需要知道，如果他们想要把准备好的报道和信息传达出去，他们需要有一定程度的控制力。科学家和记者来自不同的世界，迈克尔·肖特兰德和简·格雷戈里（1991）对此进行了简洁的总结：

> 科学家认为科学是一种累积的、合作的事业；而记者们喜欢报道那些取得了革命性突破的科学家。记者喜欢争议；科学家则在共识中茁壮成长。新闻工作者喜欢具有令人兴奋的潜力的、新的、甚至是初步的科研成果；科学家们更喜欢他们的研究结果通过同行评

审的缓慢过程，然后在科学文献中处于一个不争不抢、适度的生态位。但到那时记者们就不再感兴趣了。科学家们认为，准确性意味着给出唯一的权威的解释；而记者们则认为，不同的观点加起来才能形成一幅更加完整的画面。记者的工作必须适合可用的空间；而科学家的学术论文可以是任意长度。科学家们的工作节奏是由研究的性质决定的；而记者们则急于赶在最后期限前完成工作。科学家必须对他们的工作进行鉴定和参考；而记者必须抓住要点。

为期一天的讲习班可能改变这些现象。

（肖特兰德和格雷戈里，1991，p.144）

参与者了解到，媒体感兴趣的是科学家的工作将如何影响观众的观看、收听或聆听，内容关于更多的工作、更便宜的面包、更好的环境，而不是他们如何进行研究。科学家听到电视记者说，任何潜在的报道都是通过"来自布莱克镇的贝蒂"的视角来看的。贝蒂是一个来自郊区工人阶级的虚构的50岁老妇人，她是记者们塑造的电视观众的典型。如果记者认为贝蒂会对这个故事感兴趣，他们就会报道这个故事。

我们为科学家和他们的文化量身定做了实用的、最新的媒体技能讲习班。讲习班帮助了许多人，但科学家在利用媒体与公众沟通时还面临其他激励因素和阻碍。[8]

评估和评价

在每个讲习班结束时，我们要求参与者完成一份评估表。前六个问题要求他们在1～7分的范围内对讲习班的各个方面进行评分，其中7分为高：
- 1：课程的总体评估；
- 2：课程内容、提供的信息和想法；
- 3：顾问的陈述/引导风格；
- 4：信息、演示、讨论和活动的组合；
- 5：研讨今后可能有用的事项；

- 6：推荐本课程给其他同等水平的学生。

接下来的三个问题是开放式的："你最喜欢讲习班的什么？你认为讲习班有什么要改变的吗？还有其他意见吗？"参与者可以选择匿名。反馈几乎总是积极的，平均分数通常在5.8到6.5之间（7分制）（任何低于5分的分数都会让我们停下来考虑哪里出了问题）。评论通常也是正面的：

> 能够深入了解记者、他们的工作、他们的压力、什么是报道的卖点，以及如何最好地做到这一点，是一件很有趣的事情。能够与正在工作的记者交谈，并将他们视为不可怕的人，这是一大亮点。
>
> （一份反馈表上的匿名评论，1998）

我们将原始的意见汇编发送给委托该课程的组织，并使用反馈来更新、修改和完善我们的方法。这些年来讲习班发生的变化包括：缩短和简化讲习班内容，为媒体讲习班雇用更多的记者，更注重实际，较少参考讲习班笔记，按时完成严格的计划。我们将多样性纳入计划（练习、讨论、个人工作），提供精心的房间准备，以确保尽可能最舒适的空间。在讲习班结束时，我们问与会者喜欢哪种媒体形式。回应几乎各个均分：一些人更喜欢纸媒，认为它更详细，更持久；一些人更喜欢电视，因为它的影响力；而另一些人喜欢广播，因为它的即时性和简洁性。

第二种形式的评估测试了记者如何影响科学家的态度。在与记者交谈并接受他们的采访后，他们的观点是否变得更加积极？在为期一年的一系列讲习班中，我们在讲习班开始时分发了一份包含12个评价词语的表格，并要求参与者对记者的每个评价进行评分，1分（非常同意）到7分（非常不同意）。在讲习班结束时，他们与五名不同的记者进行了密切的交流（这是为期两天的讲习班），他们得到了一组相同的词语，并被要求重新打分。

这张纸上有正面和负面的词：
- 有帮助的；
- 可靠的；

- 耸人听闻;
- 平凡化;
- 彻底的;
- 准确的;
- 扭曲;
- 肤浅的;
- 感兴趣的;
- 关心的;
- 无原则的;
- 值得信赖的。

讲习班结束后科学家的回答显示,他们在与记者见面后,对记者的态度要积极得多。他们更倾向于认为记者"乐于助人""深入细致""关心他人""可靠""准确""值得信赖"和"感兴趣"。平均变化测量结果是向正面方向转变了大约1分。换句话说,如果一名参与者在课程开始时在"准确"一词上给记者打了3分,最后,他们大概率会将比分重新调整为4分。

有些差异非常显著。近90%的参与者改变了他们在"耸人听闻"一词上的得分,都朝着积极的方向。70%的人改变了他们在"无原则"一词上的得分,也都是朝着积极的方向。"歪曲""平凡化"和"肤浅"这几个词也得到了很好的结果,但也都有一些负面的回应(Metcalfe & Gascoigne,2001)。

调查显示,会见记者改善了科学家的态度。讲习班是否对主持会议的记者也产生了同样的影响?我们通过让记者完成一项讲习班后的调查来测试这些观点。他们也对这次体验和讲习班的价值持积极态度。他们发现科学家是好报道的潜在来源,这让他们松了一口气;他们认识到科学家(在某种程度上)有所准备向媒体的要求做出妥协;与科学家交谈拓宽了他们自己的视野。

在我参加的讲习班上,大多数科学家从未与媒体有过太多接触,他们对与媒体打交道感到焦虑。我相信我们成功地证明了我们是非常好相处的人，我们想要实现的是能够就新的科学突破进行清晰而简洁的交谈。这很简单！

（梅特卡夫和加斯科因，2001）

在 2017 年，我们要求过去的讲习班参与者完成一项关于他们参加过的讲习班的价值的调查。66 名受访者中的大多数（86%）在 2014 年至 2017 年参加过讲习班；其中一人参加了 1996 年的一次讲习班。一段时间过去了，我们请他们评价一下这些讲习班的用处。超过 80% 的人表示，它对与非技术受众的交流非常有用。近 60% 的人还表示，这对他们与同龄人的交流非常有用。而 75% 的人表示，他们已经改变了对沟通的态度。大多数人（85%）至少掌握了中等程度的应用技能。当被问及他们为何改变态度时，受访者说：

它让我评估非科学观众可能会如何看待科学家，并让我意识到，传播科学是一件需要"亲民"的事情。专业术语不适合非科学领域的听众。

这次讲习班让我明白，我需要思考我的目标受众，以及我的沟通目的是什么。只有这样，我才能开始思考如何最好地传递信息。

（调查回复中的匿名评论，2017）

将技能讲习班扩大到其他交流主题

1992 年最初的媒体技能讲习班受到了欢迎，澳大利亚联邦科学与工业研究组织公共事务部主任林赛·贝弗吉（Lindsay Bevege），要求我们发展另一个演讲技巧讲习班，侧重于演示技能和培养科学家向不同的听众清晰、合乎逻辑地介绍其工作的能力。科学家们经常在讲习班和会议上介绍他们的工作，但他们可能也希望与工商界、决策者、资助机构、社区团体和学生进行交流。他们讲述的内容、基调、风格、复杂性和重点都必须针对每一位听众。这增加了对媒体技能和演示技能的需求，我们从澳大利亚联邦科学与工业研究组织部门受雇来管理这些讲习班，澳大利亚联邦科学与工业研究组织的工作人员为参加讲习班支付了少量费用，足以支付成本。

这个新的演讲技巧讲习班也十分成功，其运作原则与媒体技能讲习班类似：参加者最多10人，非常实用，并设有"回"字形房间，以及使用摄像机记录和播放参加者的展示。

当科学家站在现场观众面前时，他们可能会关注自己的问题，而不是观众的问题。在演讲技巧讲习班上，他们学会了关注听众。听众已经知道什么？他们想听什么？他们为什么选择参加这个讲座？一旦科学家们找到了这些问题的答案，他们就能组织一个合适的讲座。我们建议他们试着围绕三个要点来组织报道："今天我想讨论三件事"，并抵制住增加细节的诱惑。听众无法在口头表达中理解细节，演讲的时间很短，如果他们想了解细节，会选择参考相关论文。做报告的科学家们面临着细节、清晰度和时间之间的持续斗争。不幸的是，细节往往以牺牲时间和/或清晰度为代价。

当被要求从十几个选项中列出当天的优先事项时，演讲技巧讲习班参与者通常会选择"如何组织演讲"或"如何处理困难的问题"。我们会反问他们："什么是困难的问题？"他们认为困难的问题是指一些不恰当的、超出他们专业领域的问题，或者他们无法回答的问题。这是一个罕见的场合，我们建议他们采用公式化的答案：

> 很抱歉，我不能回答这个问题（态度诚恳！），因为（插入原因，例如因为它超出了这个项目的范围，或者结果还没有出来），但我可以说的是（选择一个你想说的关键点，只要它是相关的）。

科学家在组织演讲时面临的最大困难是如何作引言和结论。我们建议他们先说一些具有挑战性的东西来引起听众的兴趣，也许是对问题的陈述，然后通过讨论他们工作的意义来结束。这一切意味着什么？为了成功地做到这一点，他们必须从听众的角度来思考：人们为什么在那里？他们想听到什么？

1995 年，我们与澳大利亚联邦科学与工业研究组织的雇佣关系结束。我们都离开了这个组织去寻找其他机会（梅特卡夫加入了一家专门从事科学和环境工作的咨询公司；加斯科因管理一个国家科学倡导机构）；梅特卡夫的公司 Econnect 传播，在完全商业化的基础上承办了这些讲习班。澳大利亚联邦科学与工业研究组织的内部讲习班现在向来自其他组织的研究人员开放，包括南极司、澳大利亚地球科学、澳大利亚海洋科学研究所，以及一个名为合作研究中心的新（仍在发展中）研究小组的研究人员。政府部门也委托他们举办讲习班，可见对讲习班需求的增加。

我们开设了新的课程。其中一个是为高级管理人员举办的高级讲习班，他们可能会在更加困难的情况下面对媒体：政治敏感的科学、裁员、工伤或死亡事故、失败的实验等。通常情况下，高级讲习班时长 4 个多小时，以小组的形式进行，记者被要求针对敏感话题向参与者施加压力。我们还提供了一项附加服务，以提升媒体技能讲习班的价值：为每个参与者准备一份媒体发布草案，并对如何以及何时发布新闻进行评估。

我们的客户组织模式与讲习班有不同的要求，因此我们过去会（现在仍然会）灵活构建一个项目，以满足他们的需要：也许是一个为期一天的讲习班，结合媒体技能和演示技能。为科学家设计的讲习班同样适用于其他交流技术话题的团体：人文和社会科学的研究人员、专利律师、棉花业的农民和顾问、医学院、替代疗法的提供者、国防工业的研究人员和发电方面的业务人员。

我们的写作课程强调了说明文的重要性，鼓励学员在写作和演讲时简单直接。科学写作可能很难读懂：它通常以第三人称书写，往往充斥着晦涩难懂的缩略语、复杂的语言和长句子。Fog Index 网站[9]是一个有用的工具：它能根据文章中单词和句子的长度来测试文章的可读性。讲习班的参与者将学习如何将文章粘贴到在线工具中以进行即时读取，他们在屏幕上看到文章后，会变得越来越擅长预测索引的结果。

我们为一年一度的"科学与议会日"(Science Meets Parliament Day)举办培训，该节日邀请 150 名科学家到堪培拉与联邦议会成员进行一对一的会谈。会议前一天，这些人会聚集在一个演讲厅参加课程培训，10 名志愿者会在一分钟内解释他们的工作及其重要性。一个陪审团坐在演讲厅的另一边提供反馈。

每位科学家发言后，陪审团（由一名记者、一名国会议员和一名说客组成）都会发表评论。科学家表达的信息清楚吗？他们的语言合适吗？陪审团能够通过他们的讲述了解其成果的重要性吗？他们会资助它吗？

国会议员在科学方面缺乏专业知识，能参加培训的时间很少，而且他们的工作要求他们根据有限的证据做出艰难的决定。针对他们的培训课程快速、严格但有效：我们会培训他们如何用简单的语言简要解释复杂的工作及其价值。

由于讲习班规模扩大，我们有时也面临一些问题，比如需要更多的授课者。澳大利亚有十几个人接受过我们关于如何开设讲习班的培训。还有很多（通常是研究机构的沟通人员）参加过讲习班的人，会收集一本关于课程的小册子，积累了足够的技能和信心来与他们组织中的科学家一起运营课程的各个方面。

在一些国家（如南非、巴布亚新几内亚）也有科学传播者，在一天的培训结束后，我们增加了一个"培训教练"会议，讨论我们的参与者如何利用他们新获得的技能来运营他们自己的培训课程。

讲习班走向国际化

到 2000 年，这些讲习班已经变得更加国际化。新西兰皇家学会（RSNZ）和南非科学和技术促进会（SAASTA）邀请我们在新西兰和南非举办媒体技能示范讲习班，每个国家办三个讲习班。这是对讲习班的可转移性的考验：考察我们的课程是否适用于有自己文化和媒体安排的国家。

他们确实取得了成功，很大程度上是因为我们研究了当地的需求和文化，并聘请当地专家来主持包括当地记者在内的会议。这一点至关重要：虽然新闻工作的总体方法是相同的，但南非和新西兰的模式、资源和节目安排是不同的。我们需要当地知识来确保课程的有效性，而且我们在讲习班上向记者提出的问题具有特别重要的意义。

与会者包括来自新西兰皇家学会和南非科学和技术促进会的观察员以及十几名普通的科学家参与者。随着时间的推移，我们也在当地开设了新的工作室；新的工作室基于我们的结构和原则建立，我们也对它进行了调整以符合当地演讲者的风格和偏好。在南非，在2004年系列讲习班回归后，我们与当地的科学传播者玛丽娜·朱伯特（Marina Joubert）合作，调整我们的课程以满足南非研究人员的需要。

2011年，克劳福德基金邀请我们举办科学传播大师班，最初在泰国，随后在印度、肯尼亚、斐济和埃塞俄比亚。该基金是一个国家支持国际农业研究的组织，与当地合作伙伴及澳大利亚专家合作。大师班是由克劳福德基金的公共事务主任凯茜·里德（Cathy Reade）设计的，并结合了我们提供的不同讲习班的元素：

- 传播规划，参与者为所有的沟通和拓展活动制订计划和时间表；
- 演示技巧；
- 媒体技能；
- 设计和编写宣传文档，如实况报道和媒体发布；
- 利用社交媒体。

克劳福德基金规定了讲习班的目的和范围：

在发展中国家，如在澳大利亚，农业研究机构日益认识到，需要通过更好地向供资机构的广大非科学受众、农民和推广机构等其他利益攸关方以及通过媒体向广大公众宣传研究成果和与研究有关的有趣报道，来确认农业科学投资的功效。

对许多发展中国家的机构来说，推广者这一角色由科学工作人员承担，他们可能没有接受过科学传播方面的培训，也没有额外的科学传播工作人员来承担这一重要的传播角色。建议克劳福德基金资助开办一门课程，以提高发展中国家研究机构向利益攸关方（供资机构、合作伙伴和政府机构）和公众传播其科研工作的能力。[10]

在清迈举办的首期讲习班吸引了来自泰国（3名，来自清迈和曼谷）、柬埔寨（2名）、老挝（2名）、越南（2名）、孟加拉国（2名）、巴基斯坦（2名）、印度（2名）和菲律宾（2名）的与会者。

在这些讲习班开始前三周，我们询问参与者在科学传播方面的经验，内容包括发表演讲、与媒体合作和为大众媒体撰写文章。调查要求他们从13个项目中选择他们希望从讲习班中学习的内容，并指定与他们的一个项目相关的传播任务和目标。考虑到参与者的英语能力在某种程度上来说相当有限，我们不得不修改我们的标准方法来设计调查，准备小册子，创建程序和相关的练习。这意味着问题需要简单而直接的表述：

- 你认为你的项目应该向谁传播？
- 在科学传播中，谁是最重要的群体或个人？
- 你最想传达的三个信息是什么？

这些信息帮助我们开发项目和准备讲习班材料。我们与克劳福德基金的协议规定，我们负责提供设备（摄像机等），邀请国内记者在媒体上主持会议，并为为期五天的讲习班提供便利。

克劳福德基金为太平洋国家举办的讲习班提出了一系列具体的挑战。我们的讲习班的重点是讨论环节，但这些地方的居民可能很害羞，说话很温和，并试图避免分歧和争议。他们的语言和写作能力是高度可变的，并且也会体现文化上的差异（例如，每次会议都以祈祷开始和结束）。我们的首要目标是赢得他们的信任。良好的幽默感至关重要，就像鼓励参与者畅所欲言的练习一样[11]。我们已经调整了速度和内容，以适应参与者英语写作和口语能力的变化，并引入了角色扮演，使学习变得多样化和有效。

当然，我们还必须应对一个不变的因素：学会应对意外情况。这些情况在国内课程中经常发生，但在海外课程中更常见。例如：

- 房间不符合我们的规格，或者完全不合适［我们甚至在巴布亚新几内亚的俾斯麦海（Bismarck Sea）海岸上的一个开阔的草棚围场里举办过一个讲习班，旁边有一架机关枪纪念品，提供的房间狭小、拥挤、令人窒息］。
- 故障、损坏或被遗漏的设备（一个不稳定的三脚架导致摄像机倾倒，镜头粉碎，我们从一个路过的BBC摄制组那里借来了一台相机，完成了整个讲习班）。
- 迟到的记者，在最后一刻被叫走的记者，给出奇怪建议的记者，或者根本不会说英语的记者。

总的来说，我们为澳大利亚学员设计课程的原则已经被证明在其他国家非常适用。我们没有改变我们的总体方法，即注重通过讨论和实践来学习如何完好地进行科学传播。通过利用客座发言人和记者来主持会议，我们也为讲习班增加了宝贵的（而且是必要的）地方性知识。

未来：新媒体和其他变化

在过去26年里，科学家的传播空间发生了巨大变化。

这在一定程度上是由科学传播可用资源的紧缩所驱动的：科学传播人员的队伍变得单薄，科学家不得不更多地依靠自己的资源开展科学传播活动，从制订科学传播计划、撰写媒体新闻稿和联系记者，到学习如何利用新媒体中的机会。

与此同时，专业科学记者的数量急剧下降，主要是因为媒体机构可获得的资源越来越少，因为它们的发行量和广告收入都在萎缩。这迫使科学家们寻找新的传播渠道。

网络的出现和指数级增长具有强大的影响。它依赖一种不同的写作和出版风格，并将记者和翻译排除在外。社交媒体具有变革性，科学家们尤其将推特和博客视为有用的交流工具。手机和平板电脑等移动设备已经普及，而设备摄影质量的提高也增加了它们的实用性，特别是这些功能与编辑视频片段的简单系统结合时。

研究机构的关注点也发生了变化。在澳大利亚，科学的商业和工业产出受到更多重视，政府和资助机构希望他们在研究上的投资能够在就业、新工业和经济改善方面获得回报。让公众了解他们的工作优先级降低。用来评判研究人员和研究机构的指标是他们发表论文的数量、论文被引用的次数，而面向公众的科学传播获得的回报很少。

我们通过修改现有课程和增加新课程来应对这些变化。我们培训科学家和记者在他们的智能设备上拍摄有效的视频并进行编辑，并为博士生提供在科学出版物上发表作品的写作讲习班。更传统的课程进行了大量调整，以保持其通用性。这是一个学习、测试和调整我们的讲习班以适应参与者需求的持续和迭代过程。

注释

[1] 有关讲习班的完整列表，请参见 www.econnect.com.au/workshops/（2018 年 6 月 26 日）。

[2] 科学部长罗斯·弗里（Ross Free）在安萨斯会议上的讲话，吉隆，1991 年 8 月

[3] 科学部长克里斯·沙赫特（Chris Schacht）1993 年 4 月在堪培拉举行的 Michael Daley 奖颁奖仪式上的讲话，引自彼得·波克利（Peter Pockley）在《悉尼先驱晨报》上发表的文章。

[4] 1984 年 8 月，科学部长巴里·欧琼斯（Barry O Jones）在澳大利亚联邦科学与工业研究组织石灰石大道国家科学论坛上的演讲，他在演讲中指责科学家没有在预算讨论中给予他所需要的政治支持。

[5] 约翰·斯托克（John Stocker），Coresearch 澳大利亚联邦科学与工业研究组织内部通讯，1990 年 10 月。

[6] 克里布，朱里安，1992 年向澳大利亚联邦科学与工业研究组织媒体技能课程参与者发表的未发表的演讲。

[7] 加里·库克（Gary Cook）博士，澳大利亚联邦科学与工业研究组织的野生动物和生态部门，发表于 Coresearch，澳大利亚联邦科学与工业研究组织内部通讯，1996—

1997 的文章。

[8] 参见 Gascoigne, T. H. & Metcalfe, J. E., 1997。科学家通过媒体交流的激励和障碍。科学传播，18（3），1997 年 3 月。

[9] 参见（例如）http://gunning-fog-index.com/（访问时间：2018 年 6 月 22 日）。

[10] 凯茜·里德（Cathy Reade）《致作者的电子邮件》，2011 年 7 月 20 日。

[11] 举个例子：提出一个简单的问题（"太平洋上有多少份报纸？"），然后给其中一个人便携式麦克风。一旦他们猜出了答案，他们就把麦克风传给下一个人，就这样一直继续。

参考文献

Barns, I. (1989). *Interpreting media images of science and technology*, Media Information Australia, 54.

Gascoigne, T. H. & Metcalfe, J. E. (1994). Public communication of science and technology in Australia. In B. Schiele (Ed.), *When Science becomes Culture: World Survey of Scientific Culture (Proceedings 1)*. Montreal: University of Ottawa Press.

Gascoigne, T. H. (2006). Scientists engaging with the public. In Cheng, D. et al. (Eds.), *At the Human Scale: International Practice in Science Communication*. Beijing: Science Press.

Eckersley, R. M and Woodruff, B. J. (1984). *Public Perceptions of CSIRO: A Staff Viewpoint*, Report to the CSIRO Executive, 22 March 1984.

Eckersley R. (1987). *Australian Attitudes to Science and Technology and the Future*. Canberra: Australian Government Publishing Service.

Mathews, I. (1991). *How to use the media in Australia*. Penguin.

Metcalfe, J. E. & Gascoigne, T. H. (1995). Science journalism in Australia. *Public Understanding of Science*, 4(4), 411–428.

Metcalfe, J. E. & Gascoigne, T. H. (2001). Media Skills Workshops: Breaking down the barriers between scientists and journalists. *Pantaneto* Issue 3, July 2001.

Nelkin, D. (1990). Selling science. *Physics Today, 46,* November.

Shortland, M. & Gregory, J. (1991). *Communicating Science*. London: Longman Scientific and Technical.

6 科学写作的挑战
——指导和评估书面形式的科学传播工具

✎ 齐波拉·拉克森

引言

总体而言，本章将从书面交流的角度阐述科学传播培训和评估的一般背景以及实际操作中存在的困难。事实上，公众的主要信息来源是网络媒体，而网络媒体说到底也属于写作的一种载体（National Science Board, 2016），因此，我们希望教授科学家以通俗易懂的方式撰写科学内容。为此，有必要了解一般的写作评估、STEM（学术写作）基础评估以及科学传播评估的工具和目标。本章将介绍科学写作以及从学术写作向非专业写作方面转变的困难；现有培训项目推荐的实践调查情况；写作评估的关键点，如体裁和专业术语；写作评估的类型和范例，包括评分量表和计算机程序；以及用于评估和研究科学传播的实用工具。本章最后给出了在使用现有或者创建新的科学传播培训和评估工具时的建议。

写作教学和评估的难点

安德森（Anderson, 1985）说过："科学家通过阅读和写作这一机制来完成［科学研究］。"事实上，说话或写作，以及一般的沟通交流，都是"科学的本质"（Garvey & Griffith, 1979）。交流技能使知识的分享和贡献成为可能，反过来，也使科学团体接受这些知识，这对科学家的职业生涯至关重要。这些交流的难点在于，写作通常被认为是四项基本语言技能（听、说、读、写）中最难掌握的一项（Hamp-Lyons & Heasley, 2006; Kroll, 1990）。就科学界而言，研究生和科学家必须学习书面学术交流的惯例。这些惯例包括学习科学文章写作的结构 IMRAD（引言 – 方法 – 结果 – 讨论）和高级英语写作。对许多将英语作为第二语言的科研人员来说，这就需要训练，因为如果没有指导，即使是研究生也无法掌握高级英语写作技能（Wellington, 2010）。

这个问题在科学传播中变得更加复杂。要理解这个问题，就需要界定什么是科学传播。但是对于从学术写作过渡到非学术写作的科学家来说，关于科学传播的一个比较确切的定义来自梅塞 – 麦普斯通和基克尔（2015），这是伯恩斯、奥康纳和斯托克梅尔（2003）的改编版本。他们指出，科学传播是"将复杂的科学转化为语言和概念的过程，并且这些语言和概念对非科学受众（如政治家、行业专业人士、记者、政府工作人员、教育工作者、企业工作者和社会公众）而言是具有吸引力且易于理解的（p.2）。"在这一章中，我把注意力集中在这种适应和转变上，每当科学家们针对非专业观众制作适合他们的科学内容时，他们都必须面对这种转变。本章概述了用于英语高级写作技能的各种工具，因为英语既是科学的语言，也是有效交流的先决条件。本章还详细介绍了科学传播工具和培训项目。

体裁的转换

把复杂的科学内容"翻译"成面向非科学受众的语言的过程通常被称为体裁转换（Fahnestock, 1986），例如，当对学术文章进行改编来创作与该文章主题一致的科普文章时，就会出现这个过程。写作体裁是指文学作品的类型，每种类型都有不同的写作目的。例如，在上述的转变中，文章的写作风格和内容都发生了变化。体裁教学有助于展示不同体裁之间的异同（Devitt, 2015）。德维特（Devitt）解释说，在课堂上使用对比体裁的例子来讨论风格和内容的异同，可以让学生更清楚地理解目标体裁。在一篇研究学术文章和科普文章之间的体裁转换的开创性论文中，法恩斯托克（Fahnestock, 1986）发现了一些变化，包括不过多地关注研究方法，而是强调研究的意义。她还发现了两种文章主要的风格差异，包括在科普中使用通俗的语言，而不是像写学术论文那样使用严谨的专业术语。

因此，本章介绍的几个工具的前提是以下两个理论：体裁理论和社会文化理论。体裁理论和体裁教学法认为，不同的体裁有不同的发展方式。在体裁教学法中，讲授者会首先介绍和分析一种特定的体裁，接着给定相关语言形式的练习，然后让学生创作一篇短文（Dudley-Evans, 1997）。在过去的几十年里，这种教学写作方法已经成为主要的教学方式（Cope & Kalantzis, 2014; Devitt, 2015; Hyland, 2002; Swales & Feak, 2012）。

随着社会的发展变化，体裁理论和体裁方法与社会目的和语境的联系自然得到了社会文化方法的补充，社会文化方法关注的是科学共同体语言和惯例的启动及同化过程。这种融入共同体语言和惯例的"文化濡化"（Newton & Newton, 1998），包括体裁惯例，有助于将特定话语共同体的对话嵌入其构成要素中（Hyland, 2015）。

STEM学生融入科学界需要经历一个漫长的文化濡化过程。在他们的学术写作中，通过学习主要的学术语篇体裁，他们能够在科学界交流并产生新的知识。增加科普这种对比鲜明的体裁，能够扩大他们的科学话语和受众范围，并有助于提升他们作为科学家的沟通技能。因此，将体裁理论与社会文化理论相结合的研究工具，不仅有助于科学传播培训，而且有助于科学传播培训的研究。反过来，这项研究可以帮助科学家和STEM学生掌握这两种写作类型。

研究生和科学家的科学传播培训

培训科学家写作是建立在科学家融入科学共同体的基础上的。科学家的这一话语是以学术会议上的学术和技术类演讲以及同行审议期刊上的学术文章所采用的学术术语和风格为基础的。由于这是在科学界提升个人发展的关键，所以向公众传播科学便一直被忽视。虽然这使得科学家能够保持他们的精英地位，但相应地，他们也与公众拉开了距离（Peters, 2013）。在许多情况下，科学家不愿意和公众交流，因为这样的交流可能会带来同行的负面评价（Dunwoody, Brossard, Dudo, 2009; Dunwoody & Ryan, 1985; Martinez-Conde, 2016）。此外，科学家甚至可能没有和非专家谈论科学的语言体系，也没有过相关的经验或训练。但是，正如 STEM 教育指南中的目标所表明的那样，这种情况正在发生变化：毕业生应该"有能力以口头和书面形式，向所有 STEM 专业人员以及其他可能利用研究成果的部门和广大公众传达一项研究或一项工作的意义和影响"（National Academies of Sciences, Engineering 2018, p.107）。研究还表明，研究生也对学习与非专业人士交流非常感兴趣，如今许多大学要求学生在博士论文中提供一份非正式摘要（National Academies of Sciences, Engineering 2018）。因此，科学传播培训应该从研究生开始，并不断指导科学家如何清楚地向公众传达他们的信息（Brownell, Price, Steinman, 2013; COMPASSonline, 2013; Gray, Emerson, MacKay, 2005; Warren, Weiss, Wolfe, Friedlander, Lewenstein, 2007）。

因此，科学传播培训项目和研讨会正在兴起（Besley & Tanner, 2011; Carrada, 2006; COMPASSonline, 2013; Crone 等, 2011）。"科学传播课程和项目目录"（Atkinson, Deith, Masterson & Dunwoody, 2007）列出了美国的项目，"欧洲科学新闻培训指南"列出了欧盟的项目（European Commission, 2010）。此外，还用灰色文献（一般指非公开出版的文献）描述了几个国家科学传播培训项目。其中包括澳大利亚国立大学的澳大利亚国家公众科学意识中心，该中心自 1996 年以来一直提供将科学家培训成为"熟练传播者"的项目。此外，作为美国科学促进协会（American Association for the Advancement of Science, 2017）的一部分，成立于 2015 年的莱什纳公众参与科学领导研究所（Leshner Leadership

Institute for Public Engagement with Science）开发了一个网站并举办了一系列网络研讨会，致力于帮助科学家制定传播内容并将其传达给非专业人员。2005年至2008年，欧洲科学传播网（European Science Communication Network）设计并举办了面向职业生涯初期的科学家的传播技能培训研讨会（Miller & Fahy, 2009）。此外，总部设在大学的阿兰阿尔达传播科学中心（Alan Alda Center for Communicating Science）自2009年起为理科研究生和科学家提供系列课程，包括研讨会、会议、讲座，以及大学新闻课程。

在已有文献中，我们发现了几个关于设计科学传播培训的建议（Baram-Tsabari & Lewenstein, 2013, 2016; Rakedzon & Baram-Tsabari, 2007a）。这些有限的文献主要集中在基于现有科学传播课程的科学传播培训的建议上。例如，沃伦（Warren）等人2007年提出三项建议：与各研究所的新闻关系办公室会面以熟悉公关的过程和需求；走访和会见媒体记者；以及在课堂上体验实际操作经验，例如撰写新闻稿。克罗内（Crone）等人2011年描述了研究生科学传播课程中的学习活动和技能。他们主要建议学习一般的传播技能，这些技能包括考虑不同类型的受众，以及解释科学概念和过程的能力。他们的实践活动包括在不过度使用行业术语的情况下采访班上的同龄人，以及为非专业观众撰写在线文章和制作广播短片。毕晓普（Bishop）等人2014年也推荐研究生在科学传播培训方面的亲身体验和实践，他们的课程使用博客写作，推荐同行和专家编辑反馈，并专注于科学传播的受众理解。例如，他们建议学生在为非专业读者写作时先想想朋友和家人。其他研究也建议采用亲身实践的方法，将向专家学习和写作练习结合起来（Heath 等, 2014; Wilk, Spindler, Scherer, 2016）。

上述项目描述了他们帮助科学家向非专业人员传达信息的目标。他们专注于实际的讨论和实践，以及核心技能，如了解观众、目标清晰地写作和演讲，熟悉媒体（如社交媒体、新闻媒体、科学咖啡馆和科学节）。然而，这些科学网站并没有提供任何用于科学传播培训的评估工具，也没有专门用于科学写作的评估工具。

评估量表

对文献的研究表明,很少有研究对科学写作进行任何层面的调查,而且科学写作这一方面缺乏评估标准。同样,科学传播教育学中最薄弱的环节是评估:用于科学传播培训的共享评估工具几乎不存在(Baram-Tsabari & Lewenstein, 2013, 2016; Rakedzon & Baram-Tsabari, 2007a)。现有的一种主要的评估工具是使用评估表格,即等级量表,这种评估写作的量表经常用于第二语言作者的评估,并且主要用于高中和本科阶段的论文评估(Crusan, 2010; Knoch, 2009a, 2009b; Polio, 1997)。在学术水平上,现有的标准主要用于大规模的标准化测试。这些测试要求学生根据预先确定的主题写文章,使大学能够在注册学术课程之前先确定学生的需求和水平(Educational Testing Services, 2005; Knoch, 2009b)。

目前有以下几个标准和量表被用来对大规模的本科生写作进行评分。这些考试包括托福(TOEFL)、英语考试测评系统(TEEP)、ESL构成简介(Jacobs, Zingraf, Wormuth, Hartfiel, Hugey, 1981)和DELNA测试(诊断性英语语言需求评估)。在研究生阶段,研究生入学考试(GRE)也对申请研究生的学生进行评估。GRE有一个分析性写作测试,它使用1~6个整体量表来对要求考生分析问题或论点的规定性任务进行评分。另一种考试——雅思,也有写作部分,它也被用来录取高等教育阶段学生或专业职位应聘者。以上列举的这些以及其他类似的考试虽然可以用来指导学生完成准备过程,但它们主要以评估为基础。例如,它们指导学生专注于一些诸如连贯性/内聚力这样的与研究生相关的写作方面;然而,这些测试不足以评估高级研究生的高技术工作,因为他们忽略了词汇、内容和体裁等方面。例如,他们要求论文格式,但通常不要求科学体裁。这些写作测试的目的也是这些评分的不足之处:它们只能满足评估者的诊断目的,以便在进入学位课程之前筛选学生,或者评估他们对英语学术写作课程的需求。

现有的写作评价标准也基于计算机评分系统运行。教师和研究人员都使用计算机化的评分表,但这种评分机制在水平和范围上都会受到限制(有关综述，请参阅 Shermis & Burstein，2013）。目前最广泛使用的程序，能够用来评估写作辩论文章等文体的写作熟练程度（McCurry，2010），例如澳大利亚 AST 量表测试。教育测试服务局开发了另一种用于高中和大学水平的程序 E-rater，E-rater 能够提供一篇论文的整体评分。此外，Coh-Metrix 还在本科生中进行了说明性或说服性文体的测试（Aryadoust & Liu，2015）。它衡量文章理解和连贯的各个方面，包括词汇、句法和语篇（McNamara, Graesser, McCarthy, Cai, 2014）。然而，这些测试也不是为培训而设计的，但可以用于检查较短文本的研究。此外，与前面提到的大规模测试一样，它们能够针对特定主题进行评估（Liu, Rios, Heilman, Gerard, Linn, 2016）。

前面提到的标准、方案和研究强调了额外的写作评估工具的必要性，这些工具既可以用于培训，也可以用于研究。很明显，文献中很少有关于写作评估准则发展的例子，也很少有分析学生写作风格进展的例子（Boettger, 2010; Crusan, 2010; Crusan, 2015; Dempsey, PytlikZillig, Bruning, 2009; Yayli, 2011）。此外，对大学一级的科普写作进行的评估也比较少见（Baram-Tsabari & Lewenstein, 2013），对培训项目中的学习成果进行的系统评估也同样较少（Baram-Tsabari & Lewenstein, 2016）。这凸显了对未来科学家培训项目进行写作评估的必要性。许多研究确实强调了评估的必要性（Adler-Kassner & Harrington, 2010; Bonanno & Jones, 2007; Huot, 2010; Pagano, Bernhardt, Reynolds, Williams, McCurrie, 2008）。然而，支持本科生水平评估的研究并不适用于研究生水平的评估，特别是不适合科普写作评估。

评估术语和可读性

在将学术信息翻译给非专业听众时，写作者面临的一个主要问题就是专业术语的使用。学术和科学文献中常常充斥着专业术语：学术文献中一般有 5%～22% 的技术词汇，在生物、物理和计算机科学等学术科学文献中技术词汇所占比例更高（Nation，2001；Hyland & Tse，2007）。文本中大量的专业术语使得非专家学者很难理解学术和科学文本。研究发现，要想充分理解这些学术文本，需要读懂文本中98%的单词（Hu & Nation，2000），这对于许多科学文章来说是不可能的。此外，在科学文章中使用"清晰易懂的传播"和"通俗的语言"的趋势越来越明显，特别是在医疗和法律领域。这一趋势可以在美国国家卫生研究所（NIH）、美国医学会和卫生与人类服务部的《在线患者信息指南》（OPI）中看到（Garcia，2018）。

因此，人们一致同意的向非专业公众传播科学的最基本准则是避免使用专业术语，这也就不足为奇了。专业术语的过度使用是由于学术话语规范和缺乏描述科学思想和现象的通用词汇等原因造成的。术语的使用也源于"知识的诅咒"，即科学家不记得曾经他们也不了解这些术语（Heath & Heath，2007）。为了帮助科学家和STEM研究生在与公众交流时控制对专业术语的使用，需要引入一个工具来客观评估科学家的表达中专业术语的使用。然而，不幸的是，对术语使用的总体评价，以及对学生和科学家举办的科学传播讲习班的评价，也被忽视了。

目前的评估系统中，对专业术语进行客观分类的尝试很少，自动识别专业术语的尝试更少。大多数现有文献都创建了特定领域的列表，例如医学（Chen & Ge，2007；Wang，Liang，Ge，2008）、农业（Martínez，Beck，Panza，2009）、化学（Valipouri & Nassaji，2013）、应用语言学（Khani & Tazik，2013；Vongpumivich，Huang，Chang，2009）、工程（Hsu，2014）、法律（Benson，1984）和计算机科学（Hyland & Tse，2007；Tse & Hyland，2009）。这些榜单是为了帮助英语写作课程教师为学生的高等教育素养做准备而编制的。尽管巴拉姆－萨巴里和莱文施泰因（Lewenstein）（2013）以及沙伦（Sharon）和巴拉姆－萨巴里（2014）尝试过自动分类专业术语，但这些尝试并没有产生一个学习者或培训者易于使用的对用户友好的工具。

评估写作水平和受众适当性的另一个关键是可读性。可读性指数通过观察句子长度和单词长度来评估文本的难度。存在几十种关于可读性的测试，但最广泛使用的是评估文本等级水平的 Flesch-Kincaid 可读性测试。由于面向公众的文本一般建议在六年级到八年级的水平上编写（Garcia, 2018），所以这些可读性测试可以用来测试文本是否适合一般读者。在 https://readable.io/. 网站上可以找到一个结合测试的可读性指标。然而，可读性测试不足以单独用于教学，因为它们"狭隘地基于表层语言特征"，并不能真正反映读者与文本的互动或对文本的理解情况（Crossley, Greenfield, McNamara, 2008, p.475）。

新开发的评估标准和评分程序及其在写作技能评估、研究和培训中的应用

现在，有一个研究项目创建了体裁评估标准，以评估学术和科普体裁的研究生水平的科学写作（Baram-Tsabari & Lewenstein, 2016; Boettger, 2010; Rakedzon & Baram-T Sabari, 2007a）。评分标准基于学术写作课程大纲和学生成绩的经验证据，以及学术写作文献中的课程目标和指南（Day & Gastel 2011; Swales & Feak, 2012; Rakedzon & Baram-Tsabari, 2017b）。评估标准的制定是根据文献中的评估标准制定阶段进行的（Crusan, 2010）。

评估标准的制定源于关注科学家的主要类型，来自 IMRAD 结构的科学论文和高级英语水平的学术写作的目标。评估标准包括文学和课程教学大纲中最突出的写作方面，并设计了三轮评估，以确定哪些描述词在为期 14 周的课程框架内也是可测量的（关于评估准则发展的完整描述，请参见 Rakedzon & Baram-Tsabari, 2017b）。根据关于科普写作评估的文献的主要目标（Baram-Tsabari & Lewenstein, 2013）和试点中发现的学生弱点，制定了科学传播干预课的科普评分标准。在这一体裁中，对高级英语水平的描述也进行了评估，因为仅仅满足体裁结构是不足以产生清晰的文本的：能够正确和恰当地使用英语也是必要的。

该评估标准的最终版本可单独用于评估科学传播或与学术书面文本进行

比较；英语水平评估标准适用于这两种类型。学术体裁描述词演变成包括使用（以下几种信息）：①信息性标题；② IMRAD（引言、方法、结果、讨论）格式；③特定动词（比较和评估的动词，而不是短语动词，如看）；④简明的语言（避免冗长）。同时，科普评估标准评估了科学文章的五个主要组成部分：①醒目标题的使用；②主动语态；③倒金字塔（概要、背景）格式；④新闻格式（回答 6 个 W 问题：什么，谁，何时，何地，为什么，如何）；⑤专业术语的定义/解释。最终的通用英语水平评估标准包括：①正确使用句子结构（是否有连词、排比或逗号的错误以及句子结构是否过于简单或缺乏多样性）；②连贯/衔接（是否有连接词、段落结构/流程或断断续续的句子的错误）；③动词时态和形式（是否有时态、语态或形式选择错误）。所有评估标准的评分均基于 1～4 分制（完整评估准则见 Rakedzon & Baram-Tsabari, 2017b）。

关于这些类型评估的开发和使用的研究是以以色列理工学院的《研究生英语学术写作课程》为基础的（Rakedzon & Baram-Tsabari, 2007a, 2007b）。这门课程是所有博士生的必修课，也是硕士研究生的选修课。这门为期 14 周的课程主要是为了让研究生为期刊和会议论文中的科学写作做好准备。教学内容包括典型的 IMRAD 文章的语言和结构。学术写作课程大纲还包括提升高级英语水平，例如，教授英语句子结构和高级语法。因此，本研究比较了测前和测后的结果来评估 STEM 研究生的进步情况。本研究以学生在撰写摘要时所取得的成果来代表不同的学术流派，并以一篇科普的新闻稿来代表科普的成果。科普写作方面，本研究选择了新闻稿体裁，因为这是大学公关部门经常使用的体裁，也是学术写作课程中一次性干预的实际长度。

在测试前和测试后，我们会要求学生：用 150～250 个单词描述自己的研究（可以选择一个正在进行的项目或已经完成的研究），内容包含背景和这个研究对一般受众（没有科学背景）及学术界的影响。结果显示，学术写作课程的整体效果是正面的，在完成带有科普写作任务的科普干预课程后，学生们的科普写作和学术写作能力都有提高。总的来说，没有发现这两者之间存在互相干扰的情况，也就是说，增加科普类型写作并不妨碍研究生在学术类型上的提高。相比之下，没有参加这门课程的对照组在两种类型的写作中都没有表现出显著的进步。研究结果表明，写作课程中的单一体裁干预可以作为提高 STEM 研究生科学传播写作技能的工具。

这一问题是为短期干预或培训课程设计的，可以扩展到包括科学传播的其他方面，如类比、幽默或讲故事的使用，以及文章可读性水平，这些可能会在较长的干预或培训课程中涵盖。进一步的研究还可以考察其他层次的参训学员，包括像活跃的研究人员和科学家这样的较高层次的学员，以及诸如本科生这样的较低层次的学员。

为科学传播提供评估选项的另一个标准包括为本科生提供"有效科学传播的 12 项核心技能"（Mercer-Mapstone & Kuchel, 2015）。这个列表将重点放在一些方面，比如确定受众和传播的目的，以及使用适当的语言和风格元素进行类比、幽默和讲故事。巴拉姆 – 萨巴里和莱文施泰因（2013）也列举了对科普写作的期望。他们提出了成功传播的 7 个主要标准，包括语言清晰度、内容、知识结构、风格、类比、叙述和对话。这些研究和评估建议可以很容易地与前面提到的体裁评估结合起来，涵盖体裁组织或语法的其他重要方面，这些方面在从学术受众向非学术受众的转换过程中存在一定的困难。除了被设计成由人类评分员进行评估并扩展到定制化的个人培训使用的体裁评定量表，计算机评分为大规模的，有时甚至是作者的自我评估提供了一个重要的选择。为了自动识别专业术语，我们在网站 www.scienceandpublic.com 上开发了去术语化（De-Jargonizer）模块。该程序将文本中的词汇按高频 / 常用词、中频词、生僻专业术语 / 技术性词汇三个层次进行颜色编码，可以用来评估通用词汇和专业术语，帮助科学家和科学传播培训人员调整他们的文本内容，以适应不同的受众。

使用去术语化进行的研究（Rakedzon, Segev, Chapnik, Yosef, Baram-Tsabari, 2017）考察了研究生在学术和科普写作中使用术语的情况，以调查他们在参加了带有科普写作干预的学术写作课程后，是否改变了面向非专业受众的写作文本中专业术语使用的情况。在这项研究中，去术语化模块不再用于学生的写作，而是用于评估学生的成绩。结果显示，总体而言，专业术语在研究生的科普写作中是一个令人困惑的问题。大多数学生在他们的科普写作中明显比在学术写作中使用更少的专业术语，然而，对于普通读者来说，学生们在科普写作中使用的术语还是太多了。像去术语化模块这样的工具可以向作者显示哪些词汇在写作过程中有问题，可能已经缓解了这个问题。

使用去术语化模块的研究不仅可以用于检测科学家已调整后的面向普通受众的文本，还可以用于检测专业人员（如医生和律师）与他们的患者或客户之间的沟通用语。该程序还可以很方便地用于检测科学课堂上使用的课文，以及各级科学教师的讲座用语。

总结

在寻找或设计科学传播的培训和评估工具时，重要的是要记住不同的技能需要不同的工具。所有的工具都旨在为受众量身定制内容。一些工具可以自动反馈专业术语，另一些工具可以自动反馈文本的可读性和等级。评估标准适用于演讲、书面文本以及科普与学术文本体裁的比较。文献资料、大学、科学组织和协会都提供了培训课程的例子。现有的工具为培训提供了良好的开端，但仍需要开发许多工具。将这些自动化程序和人工评分标准结合起来，可以极大地帮助培训人员和学习者评估科学传播培训情况。在未来，希望能够实现对文本类型和内容进行自动评估，特别是对于长篇文本和高端科学主题，以及主题没有限定的情况。这个领域的研究仍然非常有限，甚至可以说几乎不存在。

参考文献

Adler-Kassner, L. & Harrington, S., (2010). Responsibility and Composition's Future in the Twenty-first Century: Reframing & Accountability. *College Composition and Communication, suppl. SPECIAL ISSUE: The Future of*

Rhetoric and Composition, *62*(1), 73–99.

American Association for the Advancement of Science. (2017). Center for public engagement with science and technology. Available at www.aaas.org/pes (accessed January 31, 2017).

Anderson, R.C. (1985). Role of the reader's schema in comprehension, learning and memory. In H. Singer & R. B. Ruddell (Eds.), *Theoretical models and processes of reading* (pp. 372–384). Newark, DE: International Reading Association.

Aryadoust, V. & Liu, S. (2015). Predicting EFL writing ability from levels of mental representation measured by Coh-Metrix: A structural equation modeling study. *Assessing Writing*, *24*, 35–58.

Atkinson, Deith, B., Masterson, K., & Dunwoody, S. (2007). *Directory of Science Communication Courses and Programs*. Madison, WI: University of Wisconsin.

Baram-Tsabari, A. & Lewenstein, B. (2017). Science Communication Training: What are We Trying to Teach? *International Journal of Science Education, part B*, *7*(3), 285–300.

Baram-Tsabari, A. & Lewenstein, B. V. (2013). *An Instrument for Assessing Scientists' Written Skills in Public Communication of Science*,

Baram-Tsabari, A. & Lewenstein, B. V. (2016). Assessment. In M. C. A. van der Sanden & M. J. de Vries *Science and Technology Education and Communication* (pp. 163–185). Rotterdam: SensePublishers.

Benson, R. W. (1984). The End of Legalese: The Game is Over. *NYU Rev. L. & Soc. Change*, *13*, 519–573.

Besley, J. C. & Tanner, A. H. (2011). What Science Communication Scholars Think About Training Scientists to Communicate. *Science Communication*, *33*(2), 239–263.

Bishop, L. M., Tillman, A. S., Geiger, F., Hynes, C., Klaper, R., Murphy, C., … Hamers, R. J. (2014). Enhancing Graduate Student Communication to General Audiences through Blogging about Nanotechnology and Sustainability. *Journal of Chemical Education*, *91*(10), 1600–1605.

Boettger, R. K. (2010). Rubric Use in Technical Communication: Exploring the Process of Creating Valid and Reliable Assessment Tools. *IEEE Transactions on Professional Communication, 53*(1), 4–17.

Bonanno, H. & Jones, J. (2007). *The MASUS Procedure: Measuring the Academic Skills of University Students: a Diagnostic Assessment.* Sydney: University of Sydney, Learning Centre.

Brownell, S. E., Price, J. V & Steinman, L. (2013). Science Communication to the General Public: Why We Need to Teach Undergraduate and Graduate Students this Skill as Part of Their Formal Scientific Training. *Journal of undergraduate neuroscience education : JUNE : a publication of FUN, Faculty for Undergraduate Neuroscience, 12*(1), E6–E10.

Burns, T. W., O'Connor, D. J. & Stocklmayer, S. M. (2003). Science Communication: A Contemporary Definition. *Public Understanding of Science, 12*(2), 183–202.

Carrada, G. (2006). *Communicating Science: A Scientist's Survival Kit.* Luxembourg: Office for Official Publications of the European Communities.

Chen, Q. & Ge, G. (2007). A corpus-based lexical study on frequency and distribution of Coxhead's AWL word families in medical research articles (RAs). *English for Specific Purposes, 26*(4), 502–514.

COMPASSonline (2013). GradSciComm Workshop Summary. Available at: www.scribd.com/doc/191901955/GradSciComm-Workshop-Summary (accessed January 9, 2014).

Cope, B. & Kalantzis, M., 2014. *The Powers of Literacy (RLE Edu I): A Genre Approach to Teaching Writing.* New York, NY: Routledge.

Crone, W. C., Dunwoody, S. L., Rediske, R. K., Ackerman, S. A., Zenner Petersen, G. M., & Yaros, R. A. (2011). Informal Science Education: A Practicum for Graduate Students. *Innovative Higher Education, 36*(5), 291–304.

Crossley, S., Greenfield, J. & McNamara, D. (2008). Assessing Text Readability Using Cognitively Based Indices. *Tesol Quarterly, 42*(3), 475–493.

Crusan, D. (2010). *Assessment in the Second Language Writing Classroom.* Ann Arbor, MI: University of Michigan Press.

Crusan, D., 2015. Dance, ten; looks, three: Why rubrics matter. *Assessing Writing*, *26*, 1–4.

Day, R. A., & Gastel, B. (2011). *How to write and publish a scientific paper*. Santa Barbara,. CA: Greenwood.

Dempsey, M. S., PytlikZillig, L. M. & Bruning, R. H. (2009). Helping preservice teachers learn to assess writing: Practice and feedback in a Web-based environment. *Assessing Writing*, *14*(1), 38–61.

Devitt, A. J. (2015). Genre performances: John Swales' Genre Analysis and rhetorical-linguistic genre studies. *Journal of English for Academic Purposes*, *19*, 44–51.

Dudley-Evans, T. (1997). Genre Models for the Teaching of Academic Writing To Second Language Speakers: Advantages and Disadvantages. In T. Miller (Ed.), *Functional Approaches to Written Text: Classroom Applications*. Washington, DC: United States Information Agency.

Dunwoody, S., Brossard, D., & Dudo, A. (2009). Socialization or Rewards? Predicting U.S. Scientist-Media Interactions. *Journalism & Mass Communication Quarterly*, *86*(2), 299–314.

Dunwoody, S. & Ryan, M. (1985). Scientific Barriers to the Popularization of Science in the Mass Media. *Journal of Communication*, *35*(1), 26–42.

Educational Testing Services (2005). Test of English as a foreign language. *www.toefl.com*.

European Commission (2010). *European guide to science journalism training*, Brussels.

Fahnestock, J., (1986). Accommodating Science: The Rhetorical Life of Scientific Facts. *Written Communication*, *3*(3), 275–296.

Garcia, J. (2018). Communicating Discovery-Based Research Results to the News: A Real-World Lesson in Science Communication for Undergraduate Students. *Journal of microbiology & biology education*, *19*(1).

Garvey, W. D., & Griffith, B. C. (1979). Scientific communication as a social system. *Communication: The essence of science*, p. 148. New York, NY: Pergamon Press.

Gray, F. E., Emerson, L., & MacKay, B. (2005). Meeting the Demands of the Workplace: Science Students and Written Skills. *Journal of Science Education and Technology*, *14*(4), 425–435.

Hamp-Lyons, L. & Heasley, B. (2006). *Study Writing: A Course in Written English for Academic Purposes*. Cambridge: Cambridge University Press.

Heath, C. & Heath, D. (2007). *Made to Stick: Why Some Ideas Survive and Others Die*. New York: Random House.

Heath, K. D., Bagley, E., Berkey, A. J. M., Birlenbach, D. M., Carr-Markell, M. K., Crawford, J. W., ... Wesslen, C. J. (2014). Amplify the Signal: Graduate Training in Broader Impacts of Scientific Research. *BioScience*, *64*(6), 517–523.

Hsu, W. (2014). Measuring the vocabulary load of engineering textbooks for EFL undergraduates. *English for Specific Purposes*, *33*, 54–65.

Hu, M. & Nation, I. S. P. (2000). Vocabulary density and reading comprehension. *Reading in a Foreign Language*, *23*, 403–430.

Huot, B. (2010). Toward a new theory of writing assessment. *College Composition and Communication*, *47*(4), 549–566.

Hyland, K. (2002). 6. Genre: Language, context, and literacy. *Annual Review of Applied Linguistics*, *22*, 113–135.

Hyland, K., (2015). Genre, discipline and identity. *Journal of English for Academic Purposes*, *19*, 32–43.

Hyland, K. & Tse, P. (2007). Is There an "Academic Vocabulary"? *TESOL Quarterly*, *41*(2), 235–253.

Jacobs, H. L., Zingraf, S. A., Wormuth, D. R., Hartfiel, V. F., & Hughey, J. B. (1981). *Testing ESL Composition: A Practical Approach*. Rowley, MA: Newbury House Publishers, Inc.

Khani, R. & Tazik, K. (2013). Towards the Development of an Academic Word List for Applied Linguistics Research Articles. *RELC Journal*, *44*(2), 209–232.

Knoch, U. (2009a). Diagnostic assessment of writing: A comparison of two rating scales. *Language Testing*, *26*(2), 275–304.

Knoch, U. (2009b). *Diagnostic Writing Assessment: The Development and Validation of a Rating Scale*. Frankfurt: Peter Lang.

Kroll, B. (1990). *Second Language Writing: Research Insights for the Classroom*. Cambridge: Cambridge University Press.

Liu, O. L., Rios, J. A. Heilman, M., Gerard, L., & Linn, M. C. (2016). Validation of automated scoring of science assessments. *Journal of Research in Science Teaching*, *53*(2), 215–233.

Martinez-Conde, S. (2016). Has Contemporary Academia Outgrown the Carl Sagan Effect? *Journal of Neuroscience*, *36*(7), 2077–2082.

Martínez, I. A., Beck, S. C., & Panza, C. B. (2009). Academic vocabulary in agriculture research articles: A corpus-based study. *English for Specific Purposes*, *28*(3), 183–198.

McCurry, D. (2010). Can machine scoring deal with broad and open writing tests as well as human readers? *Assessing Writing*, *15*(2), 118–129.

McNamara, D. S., Graesser, A. C., McCarthy, P. M., & Cai, Z. (2014). *Automated Evaluation of Text and Discourse with Coh-Metrix*. USA: Cambridge University Press.

Mercer-Mapstone, L. & Kuchel, L. (2015). Core Skills for Effective Science Communication: A Teaching Resource for Undergraduate Science Education. *International Journal of Science Education, Part B*, 1–21.

Miller, S. & Fahy, D. (2009). Can Science Communication Workshops Train Scientists for Reflexive Public Engagement?: The ESConet Experience. *Science Communication*, *31*(1), 116–126.

Nation, I. S. (2001). *Learning Vocabulary in Another Language*. New York: Cambridge University Press.

National Academies of Sciences, Engineering. (2018). *Graduate STEM Education in the 21st Century*. Washington, DC: The National Academies Press.

National Science Board. (2016). *Science And Engineering Indicators*. Available at https://nsf.gov/statistics/2016/nsb20161/#/

Newton, D. P. & Newton, L. D. (1998). Enculturation and Understanding: some differences between sixth formers' and graduates' conceptions of understanding in History and Science. *Teaching in Higher Education*, *3*(3), 339–363.

Pagano, N., Bernhardt, S. A., Reynolds, D., Williams, M., & McCurrie, M. K. (2008). An Inter-Institutional Model for College Writing Assessment. *College Composition and Communication*, *60*(2), 285–320.

Peters, H.P. (2013). Gap between science and media revisited: scientists as public communicators. *Proceedings of the National Academy of Sciences of the United States of America*, *110* Suppl, 14102–14109.

Polio, C. (1997). Measures of linguistic accuracy in second language writing research. *Language Learning*, (March), 101–143.

Rakedzon, T., Segev, E., Chapnik, N., Yosef, R., & Baram-Tsabari, A. (2017). Automatic jargon identifier for scientists engaging with the public and science communication educators. *PLoS ONE*, *12*(8): e0181742. https://doi.org/10.1371/journal.pone.0181742

Rakedzon, T. & Baram-Tsabari, A. (2017a). Assessing and improving L2 graduate students' popular science and academic writing in an academic writing course. *Educational Psychology*, *37*(1).

Rakedzon, T. & BaramTsabari, A. (2017b). To make a long story short: A rubric for assessing graduate students' academic and popular science writing skills. *Assessing Writing*, *32*.

Sharon, A. J. & Baram-Tsabari, A. (2014). Measuring mumbo jumbo: A preliminary quantification of the use of jargon in science communication. *Public understanding of science*, *23*(5), 528–546.

Shermis, M.D. & Burstein, J., (2013). *Handbook of Automated Essay Evaluation: Current Applications and New Directions*. New York, NY: Routledge.

Swales, J. M., & Feak, C. B. (2012). *Academic Writing for Graduate Students: Essential tasks and skills, Third Edition*, Ann Arbor, MI: University of Michigan Press.

Tse, P. & Hyland, K. (2009). Discipline and Gender: Constructing Rhetorical Identity in Book Reviews. In *Academic Evaluation*. London: Palgrave Macmillan UK, 105–121.

Valipouri, L. & Nassaji, H. (2013). A corpus-based study of academic vocabulary in chemistry research articles. *Journal of English for Academic Purposes*,

12(4), 248–263.

Vongpumivitch, V., Huang, J., & Chang, Y.-C. (2009). Frequency analysis of the words in the Academic Word List (AWL) and non-AWL content words in applied linguistics research papers. *English for Specific Purposes*, *28*(1), 33–41.

Wang, J., Liang, S. & Ge, G. (2008). Establishment of a Medical Academic Word List. *English for Specific Purposes*, *27*(4), 442–458.

Warren, D. R., Weiss, M. S., Wolfe, D. W., Friedlander, B., & Lewenstein, B. (2007). Lessons from Science Communication Training. *Science*, *316*(5828), 1122.

Wellington, J., (2010). More than a matter of cognition: an exploration of affective writing problems of post-graduate students and their possible solutions. *Teaching in Higher Education*, *15*(2), 135–150.

Wilk, A., Spindler, M., & Scherer, H. (2016). Scholar Development: A Conceptual Guide for Outreach and Teaching. *NACTA Journal; Twin Falls*, *60*(4), 385–397.

Yayli, D. (2011). From genre awareness to cross-genre awareness: A study in an EFL context. *Journal of English for Academic Purposes*, *10*(3), 121–129.

7 正规科学教育对科学传播培训设计的启示
——使用特殊语并明确表达

◇ 路易丝·基克尔

每一位进行有效传播的科学传播者奉行的核心原则都是"了解你的受众和目的；了解你所处的情境和自身风格"，这对于那些致力于持续改进的人来说，是评估他们工作效能的有效建议。对于一个高效率的老师来说也是如此。但是除了正规教育（主要是大学预科）的合格教师之外，大多数教授或培训他人的人都没有受过如何设计学习活动以及如何进行评估的相关培训。这对许多科学传播培训人员和大学教师来说都是如此。正如之前的作者所指出的那样，科学传播培训和科学教育这两个学科之间可以在许多方面相互借鉴，但这两个学科之间的互动却很少（Baram-Tsabari & Osbourne, 2015; Baram-Tsabari & Lewenstein, 2017）。本章将从有效传播与有效教学之间的共性出发，为科学传播培训者和研究者提供一些实用的指导。

具体来说，本章讨论了如何开展科学传播培训课程、如何进行考核和整体学习设计的当前最佳实践方式（通常会不相同）。它是关于教与学的科学传播，所描述的实践允许对其进行评估。讨论集中在正规的高等教育课程（本科和研究生）上，但与专业科学传播者的正规教育和为职业科学家或传播者提供专业发展的培训人员有关（例如，为期一天至一周的讲习班）。这一章源于对正规教育中的基本概念的观察，如设定明确的学习目标和对这些目标的实现情况进行适当的评估，这往往在科学传播培训中有所缺失

（Mercer-M apstone & Kuchel, 2015; Baram-Tsabari & Lewenstein, 2017; Stevens, Mills, Kuchel, 2019）。我使用修辞情境作为讨论的框架，以帮助突出在科学传播方面的最佳实践的共性。这些信息以教育研究为基础，并以科学传播研究中的例子加以说明。通过这种方式，我的目的是帮助弥合科学传播与科学教育研究及实践之间的差距，并使每个学科的人熟悉彼此的关键术语和概念。

本文首先讨论了科学传播和培训的含义，提供了一些背景来解释人们对科学传播培训日益增长的兴趣，并介绍了科学传播学习是如何发生的：在"了解你的背景"一节中，我将简要讨论不同类型的科学家以及对科学传播培训的总体意义。在"了解你的受众"一节（见第142页）中提供关于学习设计和评估的最佳实践和当前实践的详细信息，这些实践可以帮助评估和提高项目的质量。最后以"理解你的目的，定制你的风格"和"需要明确的要点"两节结束。我写这篇文章是基于我作为一名科学家、大学教育工作者和研究人员的经历，我对寻找切实有效的方法来提高科学家有效传播的能力非常感兴趣。

了解你的背景

什么是科学传播？

不同的人对科学传播一词有不同的理解。对于科研人员来说，这些词会让人联想到撰写科学研究论文或在社区活动面向"普通公众"做报告，或是活跃在推特上，但很少会同时出现这三种情况。他们几乎从不提及"参与"或人际交往技巧，也几乎不会提及与朋友和家人就科学问题进行的随意交谈。专业科学传播者认为科学传播是可以激发对科学的认识、享受和兴趣的活动（当代定义；Burns, O'Connor, Stocklmayer, 2003），或者定期的双向对话（Borchelt & Hudson, 2008），通常是与非科学工作者，很少发生在正规教育环境中［例如戴维斯（Davies）和霍斯特（Horst）的"生态系统"模型（2016）］。科学教师通常会想到可以评分的书面和口头作业，能帮助他们吸收知识的同龄人之间的对话，有时还会想到发展团队合作技能

(Herok, Chuck, Millar, 2013)。不同的人，不同的专业领域，甚至不同的地理位置，回应这些词的落脚点是不同的。重要的是，想要以上述每种方式进行交流都需要掌握不同的技能和思维方式。因此，对于科学传播培训者和研究人员来说，分别与他们的利益相关者和读者阐明"科学传播"的共同含义是十分有必要的。

为什么现在人们对科学传播培训越来越感兴趣？

科学家对交流的专业期望正在经历一场变革，有人甚至会说，这是一场观念的革命。人们普遍认为，为了让社会充分了解影响我们所有人的问题，如气候变化、人类健康和粮食供应，需要把复杂的科学变得对公众来说更易于接受，而科学家需要在这方面发挥作用。科学家需要在具有高度互动性的社交媒体和互联网上发声，以帮助公众对抗假新闻和错误信息，并开发可靠的内容。需要鼓励科学家在政治和政策制定中发挥作用，并与多学科、专门的科学和非科学团体合作。这些最近的变化增加了科学界内部不断变化的期望，即与同行交流科学的学科规范。

科研人员对于如何使越来越专业化和复杂的科学内容更容易地为其他科学家所接受具有浓厚的兴趣，并开展了活跃的讨论和辩论。每个学科的几乎每一本主要期刊都包含有关该主题的最新文章，包括著名的《自然》(*Nature*) 杂志（Gewin, 2018）。讨论范围从如何对数据进行可视化和报告数据，到呼吁更具创造性的科学写作。这些变化包括写作风格从被动语态转变为主动语态，从第三人称转变为第一人称，以及分析中使用的计算机编码和数据库的发布。随着博客和网络社区的爆炸式增长，科学家之间的交流方式和学习新兴科学以及科学实践的方式也发生了迅速的变化；大多数研究小组将至少利用其中一个网络平台进行科学传播。科学家之间交流的学科规范正在发生变化，这对科学家的正规教育具有重大意义。

什么是科学传播培训？

同样，"科学传播培训"一词也有多种含义。"培训"一词往往与"教育"交替使用，尽管两者之间存在意义上的区别（Rickman，2004）。最有可能的原因是，科学传播培训项目的学习目标通常侧重于培养和练习技能（Baram-Tsabari & Lewenstein，2017），这最接近培训这个术语的本意。科学传播培训可以说成是科学家或专业传播者的正规教育的一部分。这可能是一次性的活动，也可能是一系列的研讨会，让科学家为与记者、政策制定者或社区团体接触做好准备。它可能是非正式的，也可能是在线的，持续时间为一小时或几天，其中包括自愿参加博物馆活动或参加科学活动的非科学家。它可能涉及戏剧技术、实际应用、角色扮演或理论与价值观。巴拉姆·萨巴里和莱文施泰因（2017）参考研究文献中描述的例子，提供了所提供品种的详细概述。我在本章中使用"科学传播培训"一词，而不是"教育"一词，是为了与本书保持一致，但在高等教育环境中，我认为它包括技能、思维方式、理论和概念、个人身份、价值观和态度（Rickman，2004）。

区分在正规高等教育（本科和研究生课程）中进行的科学传播培训与作为专业发展和独立活动进行的科学传播培训是很有用的，主要原因在于二者的目标和约束条件不同。区分对科学家的培训和对专业传播者的培训也很重要。对科学家的正规教育注重学习如何开展科学研究和进行科学思考；交流是其中的一个方面，而专业传播者的正规教育致力于传播。这些语境与上述语境之间的区别，在研究文献中往往没有加以区分，这就造成了混淆。如果我们要推进学科发展并实现跨学科边界的集成，就必须厘清这些区别（图7.1）。

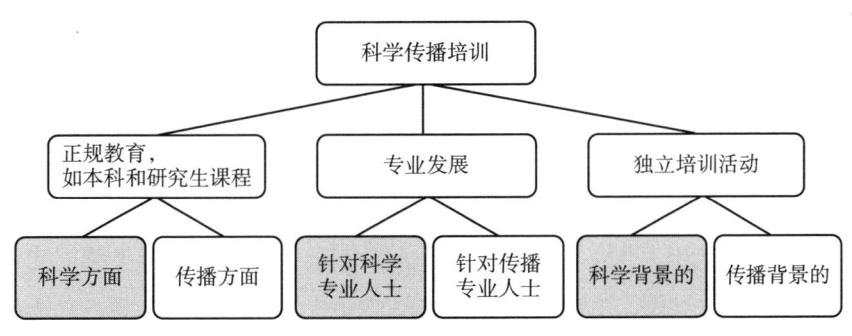

图7.1 科学传播发生的不同环境示意图。培训的目标范围和设计在不同的环境下会有所不同

学习是如何发生的？

尽管上文描述了各种各样的情况，但所有的科学传播培训都涉及"以教促学"的情况，为了让培训更加有效，"学习是如何发生的"应该是培训活动和计划设计的核心。正如传播学这个学科一样，教育理论和实践在受欢迎程度和相关性方面也有起起落落，并伴随着独特的行业术语。我将集中讨论一些关键的观点，这些观点得到了科学证据的支持，对如何考虑设计活动和评估以促进学习具有实际意义。我提供的描述是通俗易懂的，但我已经为有兴趣跟进该主题的读者提供了关键的技术术语。我将在"了解你的目的"和"成为显性"这两节中重温这些观点，在这里我将讨论它们如何应用到学习设计和评估的最佳实践中。

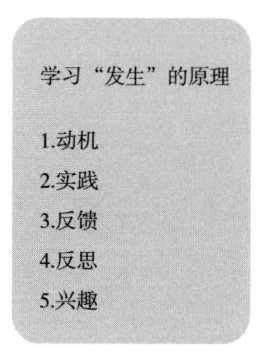

```
学习"发生"的原理

1. 动机
2. 实践
3. 反馈
4. 反思
5. 兴趣
```

图 7.2 学习的原则
[资料来源：改编自《种族》(Race)，2014 年]

众所周知，不同的人有不同的学习方式。[如果你想到视觉、听觉和动觉的学习方式，请忽略不计。没有证据支持人们偏好于使用某一种学习方式来学习（Weale，2017；Hood 等，2017）]。然而，在每个人的学习经历中都伴随着一系列的因素。这些因素相互作用的方式对每个人都是不同的。这些因素包括（改编自 Race，2014；图 7.2）：

1. 动机。内在和外在的，或想要的和需要学习的。

2. 实践。通过动手去做、口头表达、实验、尝试、理解事物、教学、解释等方式学习。

3. 反馈。从别人的意见中学习，看到结果、表扬、批评等。

4. 反思。做出判断，例如与标准进行比较，决定优势和劣势，自我评价，判断他人的工作。这些都涉及标准的内化，以便学习者在执行任务时自动尝试满足这些标准。

5. 兴趣。这跨越了以上四个因素；如果我们喜欢做某事，我们更有可能专注于它并花更多的时间去做。

为了帮助人们学习，以上的每一个因素都应该包含在任何旨在帮助他人学习的活动设计中。每个因素都可以被处理一次或多次，但通常的建议是将大部分时间花在实践和反思这两个因素上（Race，2014，2015）。

实践和反思是促使学习发生的关键因素，其原因在于，通过实践和反思，人们能够从自己所做的事情中建构意义。换句话说，当学习者进行练习时，他们将新的知识和经验与他们现有的知识和经验联系起来。反思使学习者可以将这种新知识外推到未来可能的情境中，并促进提升了将学习转移到其他情境中的能力。在教育中，这个想法被称为建构主义（Piaget，1971；Shuell，1986；Semple，2000，p.25）。专业传播者在设计将新旧信息和经验联系起来的传播时，以及在考虑受众的价值观和信仰时，已经隐含了建构主义的意识。

同样，科学传播者应该很熟悉学习者或观众对培训设计的反应。在建构主义学习观中，学习者的行为比教师的行为更重要（Shuell，1986）。这通常被称为以学习者为中心的学习方法，它将教师定位为一名促进者或教练，而不是教师。大多数刚开始教书的人花了很多时间和精力去思考他们作为老师会做什么：他们将呈现什么信息，他们将如何解释各种事情，等等。这种方法是教育家们称之为直接教学的一种典型方法，是显性教学的辅助手段（更多关于显性教学的内容，请参阅显性部分）。在科学传播培训中，有些情况下，直接或明确的教学本身或与以学生为中心的方法相结合是有用的，就像"缺失"和"对话"模式在科学传播中都有用一样（Davies & Selin，2012；Bauer，2014）。

最后，传播是复杂的。大量的研究表明，强调过程而不是技能或工具的教学对复杂学习更为有效。例如，研究表明，当进行写作教学时，专注于语法只会提高已经很擅长语法的学生的写作能力（Braddock，Lloyd-Jones，Schoer，1963），而专注于修辞情境和涉及概念化、应用和精练写作的过程会提高所有学生的写作能力（Bean，2011年）。根据萨巴里和莱文施泰因对科学传播培训学习目标的回顾，大多数相关课程更侧重于技能发展。我支持他们关于扩大目标范围的呼吁，特别是关注过程的目标和教学方法。

了解你的受众

什么是科学家？

许多科学传播培训都是针对科学家制定的。一个普遍的误解是所有的科学家都是在实验室里进行新发现的研究人员，这与现实相去甚远，同时这也是科学传播培训的培训人员在规划课程目标、设计和成果时需要考虑的重点。英国科学理事会编制了一个关于工作场所各种类型的科学家的简单但有用的描述："10 种类型的科学家"（https://sciencecouncil.org/about-science/10-types-of-scientist/ for full description）。该描述旨在提高理科学生的职业意识，并非详尽无遗，但它提供了一个有用的起点。每种类型的科学家需要交流的情况、受众、目的、流派、最佳实践和惯例都各不相同，他们的价值观、优先次序和对不同类型情况的舒适程度也各不相同。科学家从事的学科也会影响科学家的思维方式、价值观和优先事项，以及他们交流的规范（Fischhoff, 2018）。因此，科学传播培训者在设计培训时，明确和了解他们的目标受众是非常重要的。

任何为正规科学教育设计培训的人都需要考虑更广泛的科学家概念，无论其培训对象是本科生还是研究生。这是因为并不是每一个理科学位的毕业生都会从事理科相关工作，尤其是普通理科学位和研究生学位（研究型硕士和博士）的毕业生。例如，在澳大利亚和英国，只有少数理科学士毕业生从事传统的理科工作（Logan, 等, 2016; Palmer, Campbell, Johnson, West, 2018）。一项针对美国博士生的研究表明，约 40% 的人对学术界的职业不感兴趣（Roach & Sauermann, 2017），并且最近有人呼吁应当对有关研究生职业兴趣方面提供更佳数据（美国国家科学院、美国国家科学院工程与医学研究所，2014）。当然，这些不从事科学职业的毕业生仍然具有科学素养，他们将科学思想应用于工作和生活中，对科学问题和活动抱有兴趣，会和朋友、家人以及其他人讨论科学问题并给出建议（Harris，2012）。

了解你的目的，调整你的风格

课程设计与评估策略

课程是指构成一个学习课程的一系列或一组科目。人们很容易看到在课程中教授科学传播的机会，并且可以根据内容、可用的专业知识和资源决定具体教授什么。传统上，这就是大学教育的设计方式，在某些情况下，许多国家仍然是这样（DeBoer，2011；Biggs，2014）。这种设计方法往往导致课程的内容繁重甚至拥挤，通常在深度思考和跨上下文传递知识和技能方面无法提供有用的实践（Wiggins，McTighe，1998），以及高等教育课程的碎片化（Huber，1992；Candy，Crebert，O'Leary，1994；Knight，2001）。为了确保教学的重点和组织性，当前的教育最佳实践提倡使用基于结果的策略来设计培训项目，即从设计开始就考虑到最终目的。

逆向设计（Wiggins & McTighe，1998，2006）和建设性调整（Biggs，1999；Biggs & Tang，2011）是两种基于结果的课程设计和评估策略（图7.3）。使用这两种策略设计课程首先要确定期望的结果（学习目标和可

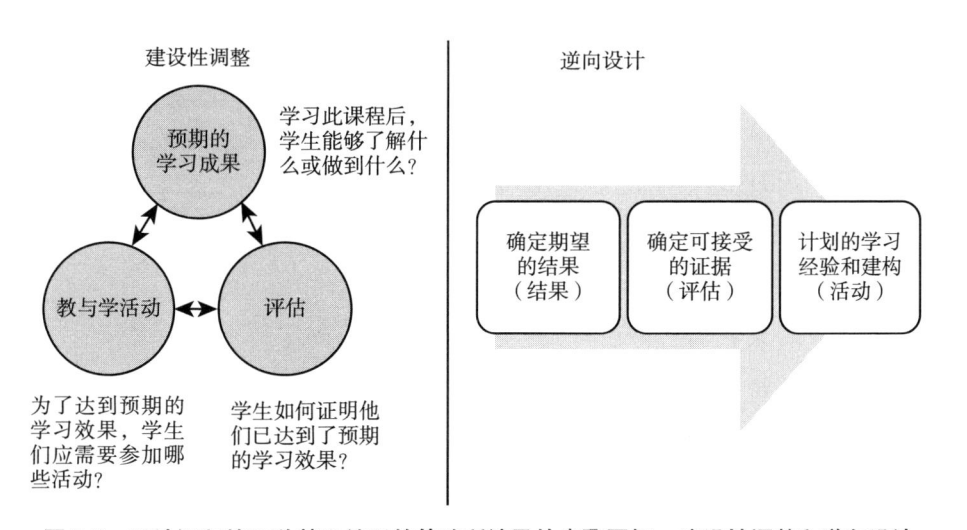

图7.3 设计课程的两种基于结果的策略所涉及的步骤图解：建设性调整和逆向设计

衡量的学习结果）。一旦确定了结果，设计者就会考虑如何证明（评估）这些结果，以及学习者如何体验和实践他们学到的东西（学习活动）。采取这两种方法有助于确保教学保持集中和组织化。建设性调整增加了这样一种观点，即学习活动涉及学习者实践所需的知识和技能，以便在评估中获得最大的成功机会（这是基于建构主义或边做边学的概念）。其理念是"学习者被'困住了'，如果他们不了解目标是什么，就无法逃脱。"（Biggs, 2003, p.27）。

这两种方法都可以通过检查学习目标、评估学习任务和学习活动的协调程度，在项目和机构范围内对课程进行评估。这种类型的评估称为以设计为中心的评估。为了最大限度地提高评估的严谨性，应该从三个不同的来源收集数据并进行三角剖分；通常，这些来源包括学生视角、学生对学习目标的表现和教师视角（Kember, 2003）。史密斯（Smith, 2008）从学生的角度提供了如何构建设计评估的实用指南，麦普斯通和基克尔（2015）设计的评估是从教学角度进行设计评估的一个例子，而马修斯和麦普斯（2018）通设计的评估是两者的结合。考查学生表现的评估将使用学生在不同评估任务或评估标准上表现的数据。使用威曼（Wieman），珀金斯（Perkins）和吉尔伯特（Gilbert）（2010）提出的框架，这些相同的数据源可用于修订和改善现有课程，该框架要求学生应该学习什么？目前正在学习什么？哪些教学方法可以提高学生的学习能力？比格斯（Biggs）（2014）认为，使用建设性的一致性设计和评估课程可以提高教育项目的质量，这比质量保证方法更有效（Biggs, 2014）。

如何思考学习目标？

那么，如果我们从最后开始，我们如何着手确定科学传播培训的目标和预期结果？面对这个问题，大多数人会直接想到他们想让学生知道什么和学生能够做什么。但教育家对学习的定义更为宽泛。大多数教育理论家将学习描述为三个领域：思维和认识（认知领域），感觉和情感（情感领域）和行动（心理运动领域）（Bloom, Engelhart, Furst, Hill, Krahtwohl,

1956）。萨巴里和莱文施泰因（2017）在针对非正式环境中学习科学的项目的审查中提供了一个例子，贝斯利（Besley）、杜多（Dudo）、袁（Yuan）和阿比·甘纳姆（Abi Ghannam）2016年与研究科学家讨论了研讨会的目标，即在不明确命名领域的情况下应用于每个领域。

学习目标在一定程度上受训练类型或形式的限制。比如，一个不与任何其他培训相关的短期研讨会将目标定为如何应用特定技能或使用特定技术是有意义的，因为很难在这么短的时间内实现更多的目标。更长时间的研讨会和正规教育的目标有机会变得更广泛。例如，较长的研讨会可以考虑包括鼓励继续应用技能的目标，例如帮助参与者确定自己是自信的科学传播者，或者帮助参与者认识到将技能和实践应用于不同情况的机会。

确定正规教育的目标更为复杂。科学传播培训的目标必须与机构（大学、学院等）的目标、项目的总体目标（科学或传播）以及相关职业或专业的期望相一致。因此，培养专业传播者的目标将与培养科学家的目标大相径庭。然而，在这两种情况下，目标都将包括纪律规范。正规教育面临的一大挑战是，纪律规范和专业期望正在迅速变化，而且在许多情况下，它们与目前所教授的内容大不相同。

在正规科学教育中，科学传播培训的目标是什么？

在高等教育中应用成果思维的国家，大多数高等院校或管理教育机构都会说明本科和研究生科学课程的学习目标。它们以不同的名称出现，例如毕业生属性（英国和澳大利亚）、门槛学习成果（澳大利亚）、基准声明（英国）、核心能力和学习目标（美国）。它们通常以6个左右的陈述列表的形式出现，这些陈述涉及一般的科学或其子学科，并且它们总是包括关于传播的陈述。许多关于传播的学习目标或结果陈述在如何将传播概念化以及对信息设计的有用性方面受到限制。例如，其含义可能过于笼统，如"有效传播"。它们通常只清楚地表达外向传播，比如写和说，而没有提到内向传播，比如读和听。许多人将写作和演讲描述为产品（Harper & Orr Vered，2017），忽视了学习这两者时过程的价值、双向传播的价值以及科学中规范的传播实践，如清晰地标注数据库和计算机代码等。学习单元的学习目标更具体，但通常反映了它们所在课程的更广泛陈述的局限性。但是，以职业为导向的课程的学习目标往往是一个例外。这是通过认证机构或行业机构的监督，以及对该行业所需沟通类型（如医生、健康和兽医从业人员）的明确和具体理解实现的。这些课程提供了一些陈述学习目标和将其转化为专业相关学习活动的优秀例子（如：Herok 等，2013；Skye, Wagenschutz, Steiger, Kumagai, 2014；Barker, Fejzic, Mak, 2018）。

越来越多科学课程的学习目标明确指出理科学生应该学会与"更广泛的受众"或"非专业受众"交流，偶尔也要认识到修辞情境的其他方面，例如："……毕业生将……通过向一系列受众传播科学成果、信息或论据，达到一系列目的，并使用多种模式，成为科学的有效传播者"（澳大利亚国家本科科学学位学习成果，引用自 Jones, Yates, Kelder, 2011）。这是认识到科学家不断变化的专业期望和职业目的的多样性的一个有用步骤，但是在科学教育或科学传播研究文献中，关于这些广义陈述含义范围（例如，科学传播需要什么类型的受众、模式和目的？）的讨论有限，以及如何在时间、专业知识和相互竞争的优先事项有限的本科生和研究生科学课程中有效地进行教学。

现有的关于科学传播教育的讨论主要集中在普通学位的本科教育上，但其范围和严谨性有限。例如，布劳内尔（Brownell），普赖斯（Price）和斯坦曼（Steinman）（2013）提供了一些有关如何将针对普通民众的科学传播纳入现有学习活动的想法，但并未讨论如何在整个学习计划中协调这些活动的总体策略。哈珀（Harper）和奥尔·韦雷德（Orr Vered）（2017）讨论了（在美国和英国流行的）跨课程写作（WAC）和学科写作（WID）方法在写作教学中的应用，这两种方法都强调非评估性写作实践，并提供反馈以帮助学生学习如何在分级评估任务中拥有良好的表现。但是他们没有描述如何将其应用于科学传播方面特定的学习目标。麦普斯通和基克尔（2017）通过查阅研究文献和咨询实践专家，确定了面向非专业受众进行有效科学传播的核心技能，以更好地定义部分总体学习目标，但没有讨论如何在科学中实践这些技能。然而，令人鼓舞的是，这些核心技能与 WAC 和 WID 方法的核心技能非常吻合。有必要加强研究和严格讨论，以确定科学传播的范围，以及将这一范围切实有效地纳入科学计划的模式。

因此，目前的做法与包括更广泛受众在内的学习目标所隐含的理想模式之间存在着巨大的差距就毫不奇怪了。例如，史蒂文斯（Stevens）等人（2019）研究了澳大利亚研究型大学理学学士课程中的评估任务，以及它们是否与国家学习成果中的描述保持一致。他们发现，尽管国家成果倡导广泛的传播情境，但书面和口头评估任务处理的背景非常狭窄，并体现了传统的学科规范（见图 7.4）。Brownell 等（2013 年）在对本科科学课程的分析中指出，尽管科学传播是该课程的核心竞争力，但没有一个课程提供侧重于科学传播的学习单元，研究生科学课程似乎也是如此。一些出版物认识到，大多数研究生科学课程没有为毕业生培养适应不同职业方向的能力或对研究科学家的现代职业期望的能力（例如，Kuehne 等，2014；Roach & Sauermann，2017）。理科研究生可获得的大多数科学传播培训都需要自己去寻找。一些项目包括关

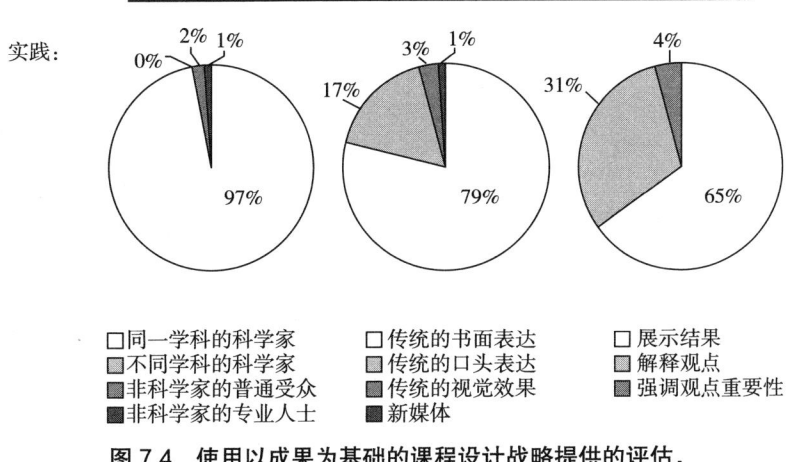

图 7.4 使用以成果为基础的课程设计战略提供的评估，证明评估任务（学习证据）与澳大利亚国家科学学位交流学习目标不一致

[资料来源：改编自史蒂文斯等人（2019）]

于发展科学传播技能的研究单元（Divan & Mason，2016），还有一些研究大致确定了潜在的学习目标（Bray，France，Gilbert，2011；Kuehne 等，2014）。在美国研究型科学家和研究生开展的大量公共宣传活动的推动下，当前关于将与公众的科学交流正式纳入研究生培养计划的讨论非常活跃。要实现这一目标，并使之成为对毕业成果有意义的补充，需要进行更多的研究和讨论，以确定这些目标的范围并将其转化为实践。

关于设计评估的思考

每个人都熟悉正规教育中的评估概念，许多人将其视为课程结束时的一种惩罚形式。因此，在设计正规教育之外的科学传播培训时，评估参与者的想法并没有被重视，这也许并不奇怪。我们已经从上面的几个例子中看到，正规科学教育中的评估也没有与传播的学习目标充分一致，因此有必要简要讨论评估的目的和定义。它可能会改变你思考和使用评估的方式。

评估的核心是让参与者展示所学的内容，要能够提供对所学内容的衡量标准。它是一种同时反馈和评估的形式。它可以被学习者用来衡量他们实现目标的程度，也可以被教师用来评估这个目标实现得有多好。评估不需要在培训结束时进行，也不需要对正式的成绩或年级有所影响，尽管它可以做到这两点，比如在正式教育结束时必须通过评估证明参与者达到目标的程度。形成性评估（Cauley & McMillan，2010）是学习者在学习过程中执行的一项任务，在这项任务中，他们可以自我评估或获得关于自己在实现目标过程中的优势和不足的反馈。教师可以通过这些信息立即调整他们的教学；要么解决学员的困难，要么在学员表现良好的情况下继续进行下一步的教学。形成性评估非常适合教学过程驱动、各种形式的科学传播等复杂的教学任务，强烈推荐将它用于各种形式的科学传播培训中。

评估任务有几个关键特征，可以帮助使用者把它与学习目标很好地协调。首先，最好布置切实的任务，即布置该学科专业人员执行的任务的复制品或类似的任务（Wiggins，1993，p.229）。其次，说明描述了任务如何与学习目标保持一致（这是任务的基本原理）。最后，评分标准包括直接涉及学习目标或相关的、更具体的学习目标的标准和/或陈述。

如何设计学习活动？

培训者设计学习活动最有效的方法之一就是确定学习相关知识或技能的过程中涉及的步骤。一旦这样做了，就更容易确定将支持或支撑学生学习和练习这些步骤的活动。设计活动以包括"了解你的背景"一节（见第137页）中概述的学习原则和/或形成性评估的任务，可以提高活动的有效性。

成为显性

最大限度地利用建设性调整来设计课程，关键是使目标、评估和学习活动之间的联系对学生清晰可见且明确（Biggs & Tang, 2011），尤其是考虑"评估从字面上定义了大多数学生的课程"（James & McInnes, 2001, p.4）。这可以通过显性教学来实现，显性教学是一种"结构化、系统化和有效的学术技能教学方法"。它之所以被称为显性教学，是因为它是一种明确而直接的教学方法（Archer & Hughes, 2011, p.1）。显性教学不会留下任何偶然的机会，也不会对所教授的技能和知识做出任何假设（Torgesen, 2004, p.363）。似乎在正规科学教育中，将这些联系明确地用于传播并不常见，因为已经有许多人呼吁要使它们更加明确（Brownell 等, 2013; Colthorpe, Rowland & Leach, 2013; Herok 等, 2013; Jackson, Parkes, Harrison, Stebbings, 2000; Oliver & Jorre de St Jorre, 2018）。无论是显性教学还是形成性评估，都要求将过程分解成步骤，并向学生明确他们所引导的步骤和过程。通常，专业人员在一个学科中掌握的有关过程的知识是隐性的，这对与不同学科的学习者一起工作的科学传播培训人员来说是一个挑战。兰迪·奥尔森（Randy Olsen）的作品（2009, 2015）就是一个很好的例子。他是一名科学家，后来转行从事好莱坞电影制作，再后来重新从事科学工作，主要从事科学传播工作。他认识到科学家是分析型的，花在培养科学传播思维和技能上的时间非常有限，因此开发了一些易于采用、循序渐进的方法，以帮助科学家运用策略来创作故事并叙述。他目前正积极为科学家运营"叙事圈"，作为科学传播培训的一种形式。来自科学教育和科学传播培训的研究人员可以通过识别和阐明他们在进行科学传播时使用或难以理解的过程，为使隐性过程显性化作出重大贡献。

虽然显性教学可能是正规科学教育中传播学教学的理想选择，但目前的实践似乎远远不是这样做的。例如，麦普斯通和基克尔（2015）将本科生笔试成绩的说明和评分标准同专家们在本科生科学课程中发现的向非技术类受众进行传播所需的核心技能进行了比较（Mercer-Mapstone & Kuchel, 2017）。他们将每种技能分为显性的、隐性的或暂缺的。考虑到我们已经讨论过的内容，大多数技能都是暂缺的，一些是隐含的，只有少数是显性的，也许这并不奇怪（图7.5）。有趣的是，在需要与非技术受众沟通的评估任务中，更多的技能是明确的。这些发现凸显了当前目标和实践之间在许多普通科学学位中教授"更广泛的"科学传播技能方面的巨大差距。正规科学教育的人文传统，即学习者将修辞写作等课程作为其基础学科的一部分，相对于不遵循这种方法的计划，接受这种科学教育的理科学生的学习成果可能会更好。

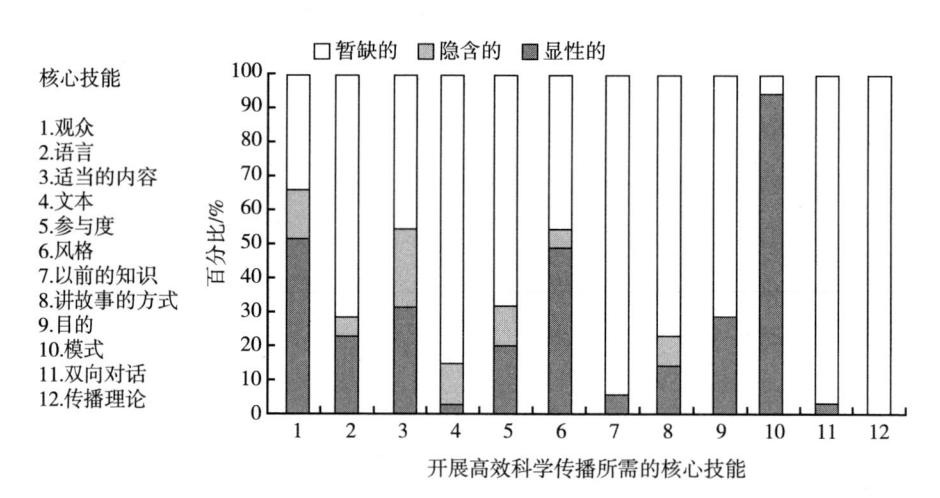

图 7.5 澳大利亚理科学士课程学习单元的 35 个书面评估任务样本的指导和评分标准中核心技能的出现情况。17 项任务要求学习者为非技术类受众写作，18 项任务要求学习者为技术类受众写作。麦普斯通和基克尔（2015）将本科生笔试成绩的说明和评分标准与其科学科课程中专家确定的用于与非技术类受众进行沟通的核心技能进行了比较

归纳与总结

本章旨在帮助归纳有效的科学传播和教学设计之间的共性。它以正规科学教育为主要内容，讨论了当前课程、评估和评价设计的最佳做法和实例，为科学传播培训者提供了一些实际指导。为此，本文作者提供了一个框架，所有在正规高等教育内外工作的科学传播培训人员都可以在不同的规模上使用该框架来设计、增强和评估培训计划。本文作者还强调了一些领域，在这些领域，科学传播培训和科学教育学科的研究人员之间的合作和整合将有助于推动这些快速发展和受欢迎的领域的高质量实践。可采用的措施包括：

（1）明确识别复杂传播过程中的隐性步骤；这与专业科学家和专业传播所使用的过程有关，也与从正规本科教育到经验丰富的专业人员经历的所有职业阶段有关。

（2）确定如何在减少时间和精力投入的情况下理解和实施这些步骤，以供不将科学传播作为其主要职业的人（包括科学家）使用。

（3）发现和运用各种证据和框架以支持制定更清晰、更具可操作性的科学传播培训目标。

（4）制定更清晰、更具可操作性的科学传播培训目标，这些目标超出了应用技能的范畴。

参考文献

Archer, A., & Hughes, C. (2011). *Explicit Instruction: Effective and Efficient Teaching*. New York: Guilford Press.

Baram-Tsabari, A., & Lewenstein, B. (2017). Science communication training: what are we trying to teach?, *International Journal of Science Education, Part B, 7*(3), 285–300.

Baram-Tsabari, A., & Osbourne, J. (2015). Bridging science education and science communication research, *Journal of Research in Science Teaching, 52*(2), 135–144.

Barker, M., Fejzic, J., & Mak, A. S. (2018). Simulated learning for generic communication competency development: a case study of Australian postgraduate pharmacy students, *Higher Education Research & Development, 37,* 1109–123.

Bauer, M. W. (2014). A word from the editor on the special issue on 'public engagement', *Public Understanding of Science, 23*(1), 3–3.

Bean, J. (2011). *Engaging Ideas: the professor's guide to integrating writing, critical thinking and active learning in the classroom.* John Wiley and Sons, Incorporated.

Besley, J. C., Dudo, A. D., Yuan, S., & Abi Ghannam, N. (2016). Qualitative Interviews With Science Communication Trainers About Communication Objectives and Goals, *Science Communication, 38*(3), 356–381.

Biggs, J. (1999). *Teaching for Quality Learning at University.* Buckingham: Open University Press

Biggs, J. (2003). *Teaching for Quality Learning at University* (2nd ed.). Buckingham: SRHE and OUP.

Biggs, J. B. (2014). Constructive alignment in university teaching. *HERDSA Review of Higher Education, 1,* 5–22.

Biggs, J. B., & Tang, C. S. (2011). *Teaching for quality learning at university: what the student does.* Maidenhead: McGraw-Hill.

Bloom, B. S., Engelhart, M. D., Furst, E. J., Hill, W. H., & Krathwohl, D. R. (1956). *Taxonomy of Educational Objectives, Handbook I: The Cognitive Domain.* New York: David McKay Co Inc.

Borchelt, R., & Hudson, K. (2008). Engaging the scientific community with the public – communication as a dialogue, not a lecture. *Science Progress,* vol Spring-Summer, 78–81.

Braddock, R., Lloyd-Jones, R., & Schoer, L. (1963) *Research in Written Composition.* National Council of Teachers of English.

Bray, B., France, B., & Gilbert, J. K. (2011). Identifying the essential elements of effective science communication: What do the experts say? *International Journal of Science Education, Part B, 2,* 23–41.

Brownell, S. E., Price, J. V., & Steinman, L. (2013). Science Communication to the General Public: Why We Need to Teach Undergraduate and Graduate Students this Skill as Part of Their Formal Scientific Training. *Journal of Undergraduate Neuroscience Education*, *12*(1), e6–10.

Burns, T. W., O'Connor, D. J., & Stocklmayer, S. M. (2003). Science communication: a contemporary definition, *Public Understanding of Science*, *12*, 183–202.

Candy, C. P., Crebert, R. G., & O'Leary, J. (1994). *Developing lifelong learners through undergraduate education*. Canberra: Australian Government Publishing Services.

Cauley, K. M., & McMillan, J. H. (2010). Formative Assessment Techniques to Support Student Motivation and Achievement. *The Clearing House: A Journal of Educational Strategies, Issues and Ideas*, *83*(1), 1–6.

Colthorpe, K., Rowland, S., & Leach, J. (2013). *Good Practice Guide (Science) Threshold Learning Outcome 4: Communication*. Office for Teaching and Learning, Australian Government.

Davies, S. R., & Horst, M. (2016). *Science Communication: Culture, Identity and Citizenship*. London: Palgrave Macmillan.

Davies, S. R., & Selin, C. (2012). Energy futures: Five dilemmas of the practice of anticipatory governance. *Environmental Communication: A Journal of Nature and Culture*, *6*(1), 119–136.

DeBoer, G. E. (2011). The globalization of science education. *Journal of Research in Science Teaching*, *48*(6) 567–591.

Divan, A. & Mason, S. (2016). A program-wide framework to facilitate scientific communication skills development amongst biological sciences Masters students. Journal of Further and Higher Education, vol 40, no 4, pp. 543–567.

Fischhoff, B. (2018). Evaluating science communication. *Proceedings of the National Academy of Sciences*, Nov 2018.

Gewin, V. (2018). The write stuff: How to produce a first-class paper that will get published, stand out from the crowd and pull in plenty of readers. *Nature*, 555, 130.

Harper, R. & Orr Vered, K. (2017). Developing communication as a graduate outcome: using 'Writing Across the Curriculum' as a whole-of-institution approach to curriculum and pedagogy, *Higher Education Research & Development*, *36*(4), 688–701.

Harris, K-L. (2012). *A background in science: what science means for Australian society*. Centre for the Study of Higher Education, for the Australian Council of Deans of Science.

Herok, G. H., Chuck, J., & Millar, T. J. (2013). Teaching and evaluating graduate attributes in science based disciplines, *Creative Education*, *4*(7), 42.

Hood, B., Howard-Jones, P., Laurillard, D., Bishop, D., Coffield, F., Frith, U., ... Foulsham, T. (2017). No evidence to back idea of learning styles. Letter to *Guardian*, 12 March, 2017. Retrieved from www.theguardian.com/education/2017/mar/12/no-evidence-to-back-idea-of-learning-styles

Huber, R. M. (1992). *How professors play the cat guarding the cream*. Fairfax, VA: George Mason University Press.

James, R., & McInnis, C. (2001). *Strategically re-positioning student assessment: A discussion paper on the assessment of student learning in universities.* Centre for the Study of Higher Education, The University of Melbourne. Available at: www.cshe.unimelb.edu.au

Jones, S., Yates, B., & Kelder, J. (2011). *Learning and teaching academic standards project: Science. Learning and teaching academic standards statement.* Sydney: Australian Learning and Teaching Council.

Kember, D. (2003). To Control or Not to Control: The question of whether experimental designs are appropriate for evaluating teaching innovations in higher education. *Assessment and Evaluation in Higher Education*, *28*(1), 89–101.

Knight, P. T. (2001). Complexity and curriculum: A process approach to curriculum-making. *Teaching in Higher Education*, *6*(3) 369–381.

Kuehne, L. M., Twardochleb, L. A., Fritschie, K. J., Mims, M. C., Lawrence, D. J., Gibson, P. P., Stewart-Koster, B., & Olden, J. D. (2014). Practical science communication strategies for graduate students, *Conservation Biology*, *28*(5), 1225–1235.

Jackson N. J., Parks, G., Harrison, M., & Stebbings, C. (2000). Making the benchmarks explicit through programme specification, *Quality Assurance in Education*, *8*(4), 190–202.

Logan E., Prichard E., Ball C., Montgomery J., Grey B., Hill G., …, & Palmer K., (2016). *What do graduates do?* Higher Education Careers Services Unit, Prospects, Association of Graduate Careers Advisory Services, England.

Matthews, K. E., & Mercer-Mapstone, L. D. (2018). Toward curriculum convergence for graduate learning outcomes: academic intentions and student experiences, *Studies in Higher Education. 43*(4), 644–659.

Mercer-Mapstone, L. & Kuchel, L. (2015). Teaching Scientists to Communicate: Evidence-based assessment for undergraduate science education, *International Journal of Science Education*, *37*(10), 1613–1638.

Mercer-Mapstone, L., & Kuchel, L. (2017). Core Skills for Effective Science Communication: A Teaching Resource for Undergraduate Science Education, *International Journal of Science Education, Part B*, *7*(2), 181–201.

National Academy of Sciences, National Academy of Engineering, & Institute of Medicine (2014). *The Postdoctoral Experience Revisited*. Washington, DC: The National Academies Press.

Oliver, B., & Jorre de St Jorre, T. (2018). Graduate attributes for 2020 and beyond: recommendations for Australian higher education providers, *Higher Education and Research Development*, *37*(4), 821–836.

Olsen, R. (2009). *Don't be such a scientist*. USA: Island Press.

Olsen, R. (2015). *Houston we have a narrative: why science needs story*. USA: University of Chicago Press.

Palmer, S., Campbell, M., Johnson, E., & West, J. (2018). Occupational Outcomes for Bachelor of Science Graduates in Australia and Implications for Undergraduate Science Curricula, *Research in Science Education*, *48*(5), 989–1006.

Piaget, J. (1971). *Psychology and Epistemology: Towards a Theory of Knowledge*. Grossman: New York.

Race, P. (2014). *Making Learning Happen: 3rd edition*. London: Sage.

Race, P. (2015). *The Lecturer's Toolkit: 4th edition*. Abingdon, Routledge.

Rickman, P. (2004). Education versus training, *Philosophy Now: a magazine of ideas*, 47.

Roach, M., & Sauermann, H. (2017). The declining interest in an academic career. *PLoS ONE*, 12(9), e0184130.

Semple, A. (2000). Learning theories and their influence on the development and use of educational technologies, *Australian Science Teachers Journal*, *46*(3), 21–22.

Shuell, T. J. (1986). Cognitive Conceptions of Learning. *Review of Educational Research*, *56*(4), 411–436.

Skye, E. P., Wagenschutz, H., Steiger, J. A., & Kumagai, A. K. (2014). Use of interactive theater and role play to develop medical students' skills in breaking bad news. *Journal of Cancer Education*, *29*(4), 704–708.

Smith, C. (2008). Design-focused evaluation. *Assessment & Evaluation in Higher Education*, *33*(6), 631–645.

Stevens, S., Mills, R., & Kuchel, L. (2019). Teaching communication in general science degrees: highly valued but missing the mark. *Assessment and Evaluation in Higher Education*, *21*, 1–14. doi: 10.1080/02602938.2019.1578861

Torgesen, J. K. (2004). Lessons learned from research on interventions for students who have difficulty learning to read. In P. McCardle & V. Chhabra (Eds.), *The voice of evidence in reading research* (pp. 355–382). Baltimore, MD: Brookes.

Weale, S. (2017). Teachers must ditch 'neuromyth' of learning styles, say scientists, *The Guardian*, 13 March.

Wieman, C., Perkins, K., & Gilbert, S. (2010). Transforming science education at large research universities: a case study in progress. *Change: The Magazine of Higher Learning*, *42*(2), 6–14.

Wiggins, G. P. (1993). *Assessing student performance*. San Francisco: Jossey-Bass Publishers.

Wiggins, G., & McTighe, J. (1998). What is backward design? In G. Wiggins & J. McTighe *Understanding by Design* 1st edition (pp. 7–19). Upper Saddle River, NJ: Merrill Prentice Hall.

Wiggins, G., & McTighe, J. (2006). *Understanding by Design.* Pearson: Merrill Prentice Hall.

8 科学传播培训评估
——超越自我报告的形式

耶尔·巴雷尔-本·大卫，阿伊雷特·巴拉姆-萨巴里

引言

在支持科学家成为更好的传播者方面，我们在科学传播培训项目中投入了大量的时间、精力和实践经验（Salas, Tannenbaum, Kraiger, Smith-Jentsch, 2012）。但衡量这些项目是否成功的标准很少，或者说我们不知道应该怎样调整这些衡量标准（Baram-Tsabari & Lewenstein, 2017a）。虽然评估可用于各种各样的专业和实践，但很少有研究将评估用于科学传播培训项目中。为了使评估有效，培训项目需要在干预之前、期间和之后定义具体的目标并将其纳入评估模型。本章回顾了科学传播培训领域的评估工作，并给出了对应的建议。我们定义评估，将其与研究区分开来，并在我们的背景下阐述了评估的重要性；我们还主张需要对学习目标进行界定以保证评估有意义。然后，我们提出了源于人力资源开发领域的评价途径、方法和框架。最后，我们讨论了尝试评估科学传播项目的局限性。

科学传播培训项目评估综述

过去几年里，在科学家对科学传播外展服务项目和活动的看法（Besley, Dudo, Storksdieck, 2015; Ecklund, James, Lincoln, 2012; Entradas &

Bauer, 2016; Grand, Davies, Holliman, Adams, 2015; Peters, 2012)、外展服务项目的有效性（Bogue, Shanahan, Marra, Cady, 2013; Haran & Poliakof, 2011; Peterman, Robertson, Cloyd, Besley, 2017; Sevian & Gonsalves, 2008）以及影响科学家参与这些活动的因素（如社会规范和职称会影响科学家参与外展活动）（Besley, 2015a; Besley, Dudo, Yuan, Lawrence, 2018; Besley, Oh, Nisbet, 2013; Cerrato, Daelli, Pertot, Puccioni, 2018; Dudo, 2012; Dunwoody, Brossard, Dudo, 2009; Poliakoff & Webb, 2007; Robertson Evia, Peterman, Cloyd, Besley, 2018; Royal Society, 2006）等方面已经开展了相当多的研究。

其他有关科学家对科学传播培训项目看法的研究发现，科学家们认识到向公众传播其科学工作的重要性，并对科学传播培训项目持积极态度（Besley, 2015b; Besley 等, 2015; Besley & Tanner, 2011; Besley & Nisbet, 2013; McCann, Cramer, Taylor, 2015）。针对参与者和实践者的目标和目的开展的研究表明，培训项目除了教授传播工具和技能，还应该在选择特定语境的传播目标方面提供指导（Dudo & Besley; Nisbet & Scheufele, 2009, 2016），并通过描述参与者和实践者在科学传播培训中的优先事项（Besley, Dudo, Yuan, Abi Ghannam, 2016），指出促成有效科学传播的关键技能，如促进信任、使用清晰生动的语言、为受众定制内容等（Baram-Tsabari & Lewenstein, 2012, 2017a; Brownell, Price, Steinman, 2013; Mercer-Mapstone & Kuchel, 2015a, 2015b; Metcalfe & Gascoigne, 2009; Montgomery, 2017; National Academies of Sciences Engineering and Medicine, 2017; Rakedzon & Baram-Tsabari, 2016, 2017; Sevian & Gonsalves, 2008）。这些研究形成了大量的数据，说明了科学家向公众传播科学知识的原因、他们对这些尝试的看法以及对提升科学传播核心技能的想法。然而，很少有研究评估科学传播培训项目在提高参与者技能、其有用性或影响力方面的有效性（Cameron 等, 2013; Peterman 等, 2017; Rodgers 等, 2018; Rowland, Hardy, Colthorpe, Pedwell, Kuchel, 2018）。为了更好地指导专业人

员帮助科学家有效地与公众沟通，需要开展更广泛的科学传播培训项目技能和议程内容方面的实质性研究和评估。

评估与评价方法

评估有时被定义为判断一个动作或一项活动的价值所采取的步骤（Raizen & Rossi, 1981）。[1] 这意味着评估存在主观性，因为价值可能因人而异。评估行为结果的解释方式，会受到为了谁以及出于什么目的等价值问题的影响。巴顿（Patton）提出"评估应当涉及对什么是有意义的做出判断"（Patton, 2015, p.5），并通过指出这一含义可能因人而异，甚至对于既定的个人来说，也可以在项目的不同阶段有所不同，而将灵活性纳入定义。评估的主观性、目标性和情境依赖性使其很难跨项目进行概括归纳。评价不是一成不变的。相关文献对形成评估、总结评估、过程评估、影响评估和诊断评估进行了区分，仅举几例（Bates, 2004; Black, 1993; Black & Wiliam, 1998; Bogue 等, 2013; Chapelle, Cotos, Lee, 2015; Harlen & James, 1997; Khandker, 2010; Patton, 2015; Wiliam & Black 1996）。形成评估为参与者和教师提供关于当前优势和不足的反馈（例如期中测验、随堂提问）。总结评估主要在学习过程结束时采用，并根据标准或经过验证的基准进行度量以获得结果（如考试、期末专题等）。诊断评估在项目开始之前进行，评估结果可用来参考参与者的技能和知识的初始阶段或起点线。

在项目整体层面，过程评估主要用在最后。它主要关注项目具体操作是否实现，并检查项目是否按计划执行，随着时间的推移，课程进行了哪些更改，更改的原因以及如何提高项目执行的效率等。影响评估以回顾的方式检查整个项目的跨度，并衡量项目对政策或行为变化的长期影响。在评估培训项目的有效性时，应根据要实现的目标使用混合评估方法。因此，在进行评估之前，为科学传播培训预设学习目标和成果非常重要。

评估 VS 研究

进行评估与做研究的主要不同之处在于它们的目标不同。评估的目的是根据特定目标检验干预措施的有效性，并对其进行改善（McGillin，2003）。评估的概念包含了对这种行为的判断要素，而这种判断不一定进入研究。因此，评估的目的是改善干预，而研究主要涉及认知目标，如了解一个现象。尽管研究是用来促进理论发展并进行推广，但评估所具有的含义主要对正在进行评估的项目有效。

尽管在可能的情况下在研究中必须控制变量并随机化样本，但在评估干预措施是否有效时这些通常不起作用。我们不能控制参与者的特征，也不能将参与者进行随机划分或控制培训项目本身。例如，大多数科学传播培训项目不能为了研究而控制诸如教员或参与者之类参数，因为它们还有其他优先事项，如根据客户的需要调整项目或在培训课程之间提供连贯的培训产品。虽然研究是由研究问题决定的，但评估是由提高干预效果或确保上级投资回报的目标决定的。

定义学习目标和结果

什么是成功的干预？更具体地说，我们打算教给参与者什么，怎么知道我们的干预已经成功了？我们需要明确学习目标和预期结果，以启动对科学传播培训的评估。

萨巴里和莱文施泰因建议在科学教育概念的基础上发展对科学传播绩效的评估（Baram-Tsabari & Lewenstein，2016）。他们提出了一个基于非正式科学学习文献的科学传播培训评估框架，该框架包括情感特征、内容特征、方法特征、反思性特征、参与性特征和认同性特征（Baram-Tsabari & Lewenstein，2007b）。在组织研讨会、实施干预措施或制订培训计划时，这些广泛的科学传播学习要素有助于在组织研讨会、实施干预措施或制订培训项目时明确具体的学习目标。另一个潜在的立脚点是美国国家科学院工程与医学研究院（2017）制定的关于科学传播的五大目标。[2] 这些可以作为思考如何教授科学家传播技巧的目标框架。

选择学习目标是基于特定项目的议程和理念：一些项目旨在教授如何清晰地通过书面形式进行传播，而其他项目则把重点放在面对面情况下建立信任或改变科学家对科学与社会关系的规范性认知。无论项目的主要目标是什么，都需要将其发展为指导评估的可操作性学习目标。比如，为了教学生如何用写作清晰地进行科学传播，一个项目可衡量的学习目标可以包括减少专业术语的使用、与听众的日常生活建立联系以及使用类比。为了支持在面对面的情况下建立信任，项目可衡量的学习目标可以包括融入个人故事或练习主动倾听。

我们认为科学传播培训是一种专业发展活动。在培训项目中构建学习目标为发展可衡量的学习成果以及使用相关的评估工具和分析过程来衡量其有效性奠定了基础。

从目标到工具 – 评估项目的多种方式

设定学习目标自然会影响用于收集和分析数据的工具。例如，如果学习目标是增强参与者作为科学传播者的身份感，使用焦点小组评估参与者的成果产出将不会提供有用信息，因为它产生的是外部判断，而不一定会评估参与者身份感的内在变化。相反，以参与者为中心的评估方法，如访谈或问卷调查法，将更为合适。目标的性质决定了问卷题项或观察量表的选择。例如，如果目标是评估参与者的写作技能，观察他们向投资者推销他们的研究的情况将不会有助于评估该项目对他们写作的影响，相比之下，让他们执行书面任务或根据投资组合进行评估会更有效。

在为具体结果选择具体工具之前，培训者必须表明评估的一般方法要符合目的。如果课程侧重于教学技能，评估方法应探讨参与者参与课程后能力的变化。这里，我们提出了一系列实用的方法，并将它们分为自我报告和外部评估两种。许多干预设计可用于结果评估，包括前后排列、不同干预或不同参与者的比较，或使用对照组评估项目的影响，这里有几个例子（参见 Bogue 等，2013；McCann 等，2015；Rodgers 等，2018）。每个设计还可以结合自我和外部报告工具，如下所述：

自我报告

自我报告工具包括以任何信息形式要求参与者提供自身情况、态度或对某一情况的解释的评估。自我报告使我们能够获取参与者的信息，并且这些信息不能仅仅通过我们的观察获得，比如参与者的观点和信仰（Stone 等，1999）。由于具有一定的潜力，自我报告工具在心理学、教育学、健康研究和其他社会科学中被大量使用，以探究参与者对某一主题的观点和看法（Brutus, Aguinis, Wassmer, 2013）。虽然自我报告工具通常被用来提供有价值的信息，但也有其局限性。回答自我报告调查的参与者可能会试图展示自己的良好形象，给出不诚实的答案，从而造成结果扭曲。对一个问题的不同解释也会导致结果的偏差（Baldwin, 1999）。当从参与者的角度评估一个项目的有效性时，自我报告能起到很好的作用，例如萨巴里和莱文施泰因（2017b）提出的以情感、内容、方法和身份目标几个方面进行自我报告。问卷调查和访谈是评估中最常用的两种自我报告的方法。

问卷调查

问卷调查是从大量人群中收集信息的有效方法，可以进行定量或定性分析。问卷调查法因其操作简单和易于接触大量受访者并收集大量数据的特点而被广泛使用。问卷调查中大多使用两种形式的问题：封闭式问题和开放式问题。在大多数封闭式问卷中，参与者被要求回答一系列多项选择题或根据李克特量表对自身的观点、态度、满意度等进行评分。相比之下，开放式问卷要求参与者自由表达自己的观点，描述自己的经历等（Tucker, 2014）。大多数调查都不允许受访者自由表达自己的意见，并将内容限制为预先定义好的问题。虽然对于研究来说这是一个理想的结果，但当培训者希望通过评估以衡量参与者试图传达的关键信息时，问题的设计应该考虑一种更宽松的方法（Upcraft & Schuh, 2002）。封闭式问题和开放式问题可以结合在一起进行调查。问卷调查既可以在线也可以离线分发给大量的人，同时可以在发布前进行布局。

问卷调查也具有局限性。一个关键的限制在于问卷长度，因为过长的问卷可能会影响有效条目的数量。问卷发放也可能是一种限制，因为如果不在线实时管理问卷，如何发放可能也会带来挑战：并不是所有潜在的调查对象都会收到问卷，这一局限可能会导致响应偏差。问卷回收率一般在30%～60%。这会因问卷的学科、管理方法、时间长短甚至提醒次数而异（Sheehan, 2006; Baruch & Holtom, 2008）。最后，制定问卷问题需要足够的时间和熟练度来避免出现过大的偏差。

访谈

访谈是了解参与者经历的有效方式。访谈主要是一种定性的研究工具，它引导被访谈者分享他或她对某一问题的看法。针对不同的目标，访谈有很多种类型，包括叙述性访谈、半结构化访谈、刺激性回忆访谈、结构化情景访谈以及其他类型的各种访谈（Burden, Topping, O'Halloran, 2015; Creswell, 2003; Lyle, 2003; Shubert & Meredith, 2015）。访谈为受访者提出的主题和观念提供了很大的灵活性，他们可以控制对话的交替。刺激性回忆访谈要求受访者进行过程重演，强调在相同情况下分享他们的思路。访谈可以通过询问受访者如何完成他们的任务来洞察受访者的心态，比如向10岁的孩子解释复杂的科学概念，或者在投资干预前后向投资者展示他们的研究成果，他们为什么改变了以及是如何改变的等。

访谈的局限性在于，因为访谈非常耗时，所以参与访谈的人数可能从几人到几十人不等。各种访谈之间（尤其是开放式访谈）的时长差异很大，这取决于访谈的目标和规程，还取决于受访者是否具有进行长时间交谈的意愿。此外，数据分析更为复杂，需要定性分析方法（如专题调查和叙事分析）进行控制。这些技能需要时间才能掌握。通常，参与者的参与意愿会影响样本量的大小，且可能产生的样本不具有代表性。

外部评估

外部评估可以由专家、同行和听众等人进行。虽然这种形式的评估不能提供关于参与者的意见或信念的信息，但它确实提供了对项目有效性的一种外部的、中立的评估，并构成了评估培训影响现实世界环境程度的另一种方式。这种形式的评估可以在几种类型的培训产品中实现，例如单个参与者的文本或视频。由于外部评估通常是针对培训产品进行的，并根据评估准则或评估人员的熟练程度进行评估，因此这种评估方式最适合进行技能评估。例如，在心理学和教育学领域，技能发展评估通常以课内模拟或由专家观察参与者展示新技能的形式开展（Kraiger, Ford, Salis, 1993; Tucker, 2014）。这种评估可以分配给评估技能变化或其在研究和基于经验的知识中使用的专家，也可以分配给获得相同新技能并从他们的角度做出贡献的同行，或者由非专业受众评估，因为他们是科学家培训项目的最终受众。

例如，在强调口头传播的培训项目中，可以实施形成性评估，如同行评议，因为在大多数项目中，每个参与者都有机会在同行面前至少展示一次演讲技能。其他参与者可以使用评估表[3]评估这些演讲，该评估表规定了培训期间讨论的关键类别和能力。这种评估可以由所有参与者进行，从而帮助他们形成一种批判性的意识，即什么是一场好的科普演讲，或者由能够提供建设性反馈的专家从业者进行评估。这种形式的评估在某种程度上被用在要求一批参与者向另一批参与者提供建设性反馈的项目中。然而，提供反馈本身就是一门学问，关于如何提供建设性反馈的一些指导需要事先讨论。为了改进评价和反馈，培训者需要为所有类型的外部评价者（同行、专家和非专业受众）提供一个严格且有效的评估准则，以减少评分者和参与者的认知负担和易变性（Jonsson & Svingby, 2007）。

类似地，由专家或非专业观众组成的焦点小组可以通过让这些受众以混合的、半透明的顺序接触到培训项目的输出产品来评估参与者培训前后是否发生改变。焦点小组可以提供大范围的反应和解释，从而让培训者看到受众与科学家互动的真实过程以及干预的清晰程度，对其的理解程度和兴趣程度（Eliot & Associates, 2007; Nagle & Williams, 2004; Masadeh,

2012）。这些类型的外部评估适用于书面和口头材料，包括拍摄的视频或现场观察（Rodgers 等，2018）。其他类型的干预结果外部评估包括使用计算机工具来评估阅读困难程度，如 De-jargonizer——一个免费的在线自动翻译工具（由以色列理工学院与霍隆理工学院的研究人员共同开发的名为"De-Jargonizer"的网页翻译器），用于测量文本中专业术语的百分比，以帮助用户使他们的文本内容适应非专业受众（Rakedzon, Segev, Chapnik, Yosef, Baram-Tsabari, 2017）。有关此工具的详细说明，请参阅本书的第 6 章。

通常，培训者最好使用几种经过验证的可靠工具来评估培训项目的效能，以提升其有效性并强化研究结果。在人力资源评估中有一种叫作三角评估的评估模式，员工被要求评估他们自己的工作，然后与他们的主管和（或）同事的类似评估进行比较和对比（Atkins & Wood 2002; Bracken, Timmreck, Fleenor, Summers, 2001; Holt, Boehm-Davis, Beaubien, 2001），类似的方法也可以纳入科学传播培训的评估中。

评估模型

在教育、管理和人力资源开发等领域使用的不同评估模型可以适用于科学传播培训项目的评估。下面我们介绍一个来自人力资源开发领域的评估模型，因为我们培训项目的主旨更接近专业培训，它旨在提升技能和学习使用工具，而不是获取内容性知识和接受教育。因此，尽管在教育领域有几种流行的模型，例如 CIPP 模型（Asfaroh, Rosana, Supahar, 2017; Lippe & Carter, 2018; Stufflebeam, 2003），但基于 HRD 的模型更适合评估培训项目。HDR 中最受欢迎的培训效果评估模型之一是柯氏四级培训评估模型（Kirkpatrick Model）（Bates, 2004; Kirkpatrick, 1967; Praslova, 2010）。柯氏模型被认为是一种总结性评估模型，具有 4 个级别的标准：反应、学习、行为和成果，这些标准在培训项目结束时进行测量。反应评估是指被培训者对培训的反应，例如，他们对培训项目的态度。学习评估使用可衡量的指标来测定被培训者的学习获得程度。行为评估考察被培训者通过培训获得的技能和知识的运用程度。结果评估从获得的目标和目的的角度考察培训项目的影响（Kirkpatrick, 1967）。

虽然培训研究领域有了长足的发展，但早期的培训评估模式仍然很受欢迎。贝茨（Bates）后来批判了这个四级模型（Bates, 2004; Holton, 1996），因为它嵌入了两个关于层级与因果关系之间等级关系的假设。贝茨在2004年还指出，该模型没有解决终结性和形成性问题，因为它是追溯性管理的。

在此批评的基础上，为了使这一模式从管理走向科学传播，我们提出了一些适应科学传播培训有效性需求的建议。我们将每个级别视为"独立的"，它们可以并且应该告知其他级别，但不将每个级别视为比上一个级别都构造了更多有用的信息。我们还建议将培训前评估与培训后评估结合起来，以回应对模型因果关系和层次结构假设的批评及其无法提供终结性和形成性评估的批评（Alliger & Janak, 1989; Bates, 2004）。

反应

反应包括获取被培训者对培训项目和实践的观点及态度。在科学传播方面，可以像之前的研究一样，通过利用科学家对科学传播培训的经验、态度等来评估反应（Besley 等，2015）。在这一层面上要解决的内容主要基于问卷调查和访谈，以确定被培训者培训后的态度或反应作为一种总结性方法，尽管我们建议纳入项目前诊断评估，以识别学员在课程前的看法。

学习

学习是指被培训者在培训过程中获得的知识。在我们的情境中，学习水平可以用来衡量参与者在培训项目之前和之后的技能，或者用来确定他们在培训期间获得的技能和信息的传播程度。例如，衡量他们评估处理公众多样性的能力和适应不同信息需求的技能。这一级别的评估可以实现自我报告和外部评估，例如根据已被验证的评估准则，向目标受众（通过 Mturk 或其他平台）呈现任务前和任务后的评估效果。

行为

行为指的是经过以上评估后，在日常实践中行为发生的变化，即对知识的运用程度。例如，在科学传播中，可以通过跟踪参与者在科学传播活动中行为随时间的变化来进行评估。纵向研究也可以提供大量关于培训有效性的内容，因为行为的改变可能不会立即显现。在此，可以再次使用培训计划前后的自我报告调查或访谈进行评估。此外，可以在培训之前或之后或在特定时间点收集同行和专家对每个参与者的评论和反馈。行为的变化既可以从培训项目中所学技能的实际应用中观察到，也可以从参与者的效能感、意愿和实际参与外展服务和与公众的互动中观察到。

成果

成果评估检查整个培训的结果，并根据项目的初始目的和目标对其进行评估。例如，如果培训目标是为参与者配备新闻工具，结果评估将根据参与者的知识以及他们在行为上的变化，从质量和数量上评估实现这一目标的程度。

表 8.1 列出了萨巴里和莱文施泰因（2017b）将学习目标整合到四级模型中以评估科学传播项目的建议。其中四个级别中的三级与这些学习目标相关，可作为评估一个培训项目的框架，表示该项目旨在实现这些目标（甚至部分实现）。

评估挑战

在规划评估时，应考虑到几个挑战。首先，科学传播培训项目在长度、受众、地点和教授的技能等各种关键方面存在差异。鉴于这种差异，标准化的"一刀切"评估是不适用的。每个项目都需要根据其具体的目标、受众、技能和场地进行评估。当然，这种多样化虽然是有用的，但后果之一是对科学传播培训项目的研究结果和评估的推广是有问题的。其次，到目前为

表 8.1 将学习目标整合到四级模型中以评估科学传播

柯氏四级培训评估模型 (Kirkpatrick, 1967)	萨巴里和莱文施泰因 (2017b) 的学习目标	萨巴里和莱文施泰因的学习目标、描述与柯氏四级模型如何匹配
反应	情感的 + 反应的 + 认同的目标	体验到对科学传播活动的兴奋、感兴趣和充满动力,并形成有效支持科学传播的态度,同时反思科学和科学传播在社会中的作用,以及他们自己学习和从事科学传播的过程,并且发展出一种身份,即能够为科学传播作出贡献的人的身份
学习	内容目标	生成、理解、记忆和使用与科学传播相关的概念、解释、论证、模型和事实
行为	方法 + 参与性目标	使用科学传播方法(包括书面的、口头的和视觉的沟通技巧与工具),促进与不同受众进行富有成效的对话;在真实环境中参与科学传播活动,创造适合各种非技术受众的书面、口头和视觉科学信息,并与这些受众进行有效的对话
结果	n/a	n/a

止，科学传播培训还没有普遍的"黄金标准"或最佳实践。且我们并不主张应该存在一个这样的标准或实践。然而，我们确实认为，科学传播培训项目应制定其目标和宗旨，并从一开始就纳入评估，以便能够严格解释项目的结果和影响，因为"……缺乏评估数据有时会导致基于直觉、偏见的政策和实践，先入为主的观念，或个人的癖好——这些都不是做决定的理想依据"。(Upcraft & Schuh, 2002, p.20)。最后，培训项目的效果需要时间来"浸入"，并让参与者实践所学知识。如果在项目结束后马上进行评估，可能不会观察到参与者的变化（Kraiger 等，1993）。同样，如果我们等待太长时间才进行评估，干预变量可能会掩盖培训的影响。时间的问题也会受到我们目标的影响，因为如果我们感兴趣的是随着时间的推移参与者会发生什么改变，那么应该在几个预先定义的时间点进行评估。相反，如果我们想知道培训的关键想法是什么，或者参与者从培训中获得的最有效工具是什么，那么应该在项目结束时评估其影响。

本章小结

1. 科学传播培训项目应伴随对其有效性和结果的评估。为了进行系统的评估，需要定义目标并从这些目标中得出可衡量的类别。评估取决于特定情境，因此评估是基于评估者认为最重要的价值观。

2. 制定评估问答表。问题："培训项目结束时，学员应该掌握的最重要的技能/知识是什么？"回答："更好地传播她/他的研究（内容）。"然后问，"这怎么能衡量他们是否做到了呢？"并提出评估参与者能力的建议。这可能包括目标，比如是否频繁使用比喻句（多少可以界定为频繁？），或是否减少使用专业术语（使用不到2%的受众不认识的词语）。在确定目标之后，可以构建与项目目标相适应的标准。

3. 使用四级模型构建培训评估项目可以帮助绘制参与者在态度、技能、行为和总体培训结果方面的变化。

4. 假设我们已经定义了明确的学习目标和可测量的操作类别，什么评估工具将帮助我们回答这些问题？它是否适用于特定的培训项目（自我报告与外部报告、项目期间获得的技能等）？

5. 注意评估的局限性，例如时间、资金、训练有素的人员、参与者注意力短暂以及调查或访谈问题的措辞。

6. 对评估有现实的期望，因为限制可能来自宗旨和目标，但也与时间和金钱有关。

7. 我们不需要"另起炉灶"，可以借鉴教育、工商管理、人力资源、心理学等其他领域的理论和实践。

注释

[1] 评估（Evaluation）是用来确定达到目标的程度和它们的价值，而评价（Assessment）则用于确定个人的表现水平。在这种情况下，评价将用于回答诸如"情况如何"之类的问题。或者"人们知道什么？"评估回答了诸如"这种情况可取吗？"之类的问题。因为我们在这里论证了设定目标和关注项目层面的重要性，所以我们将这个过程称为评估。因此，在本章中，我们使用术语"评估"来表示科学传播培训项目的总体情况（主要是总结性的），而使用"评价"来表示反馈到评估过程中的具体方法。

[2] ①"分享科学的发现和兴奋"。②"增加对科学的欣赏，将其作为理解和驾驭现代世界的一种有用方式……"③"……增加与特定问题相关的科学知识和理解，'这需要一个决定。'"④"……影响人们的观点、行为和政策偏好……当证据的权重清楚地表明某些选择（……），会对公共健康、公共安全或其他社会问题产生影响"。⑤"……与不同群体接触，以便'在寻求影响每个人的社会问题的解决方案时，可以考虑他们对科学的看法（特别是在有争议的问题上）'"（美国国家科学院工程和医学研究院，2017）。

[3] 评估表可以包含实用类别，如在演示过程中使用手势来演示或阐明解释，也可以包含概念性类别，如为演示构建故事弧线。类别和评估标准由培训项目的目标和议程确定。

参考文献

Alliger, G. M., & Janak, E. A. (1989). Kirkpatrick's Levels of Training Criteria: Thirty Years Later. *Personnel Psychology*, *42*(2), 331–342.

Asfaroh, J. A., Rosana, D., & Supahar. (2017). Development of CIPP Model of Evaluation Instrument on the Implementation of Project Assessment in Science Learning. *International Journal of Environmental and Science Education*, *12*(9), 1999–2010.

Atkins, P. W. B., & Wood, R. E. (2002). Self Versus Others' Ratings As Predictors Of Assessment Center Ratings: Validation Evidence For 360-Degree Feedback Programs. *Personnel Psychology*, *55*(4), 871–904.

Baldwin, W. (1999). Information No One Else Knows: The Value of Self-Report. In A. A. Stone, C. A. Cachrach, J. B. Jobe, H. S. Kurtzman & V. S. Cain (Eds.), *The Science of Self-report: Implications for Research and Practice* (pp. 3–8). USA: Lawrence Erlbum Associates, Inc., 3–8.

Baram-Tsabari, A., & Lewenstein, B. V. (2012). An Instrument for Assessing Scientists' Written Skills in Public Communication of Science. *Science Communication*.

Baram-Tsabari, A., & Lewenstein, B. V. (2016). Assessment. In S. Mvd & M. J. DV, (Eds.), *Science and Technology Education and Communication: Seeking Synergy* (pp 161–184). Rotterdam: Sense Publishers.

Baram-Tsabari, A., & Lewenstein, B. V. (2017a). Preparing Scientists to Be Science Communicators. In P. G. Patrick (Ed.), *Preparing Informal Science Educators* (pp. 437–471). Cham: Springer International Publishing.

Baram-Tsabari, A., & Lewenstein, B. V. (2017b). Science Communication Training: What are We Trying to Teach? *International Journal of Science Education, Part B*, 1–16.

Baruch, Y., & Holtom, B. C. (2008). Survey response rate levels and trends in organiza-tional research. *Human Relations*, 61 (8), 1139–1160.

Bates, R. (2004). A critical analysis of evaluation practice: the Kirkpatrick model and the principle of beneficence. *Evaluation and Program Planning*, *27*(3),

341-347.

Besley, J. C. (2015a). Predictors of Perceptions of Scientists: Comparing 2001 and 2012. *Bulletin of Science, Technology & Society*, *35*(1-2), 3-15.

Besley, J. C. (2015b). What do scientists think about the public and does it matter to their online engagement? *Science and Public Policy*, *42*(2), 201-214.

Besley, J. C., Dudo, A., & Storksdieck, M. (2015). Scientists' views about communication training. *Journal of Research in Science Teaching*, *52*(2), 199-220.

Besley, J. C., Dudo, A., Yuan, S., & Lawrence, F. (2018). Understanding Scientists' Willingness to Engage. *Science Communication*, 1075547018786560.

Besley, J. C., Dudo, A. D., Yuan, S., & Abi Ghannam, N. (2016). Qualitative Interviews With Science Communication Trainers About Communication Objectives and Goals. *Science Communication*, *38*(3), 356-381.

Besley, J. C., Oh, S. H., & Nisbet, M. (2013). Predicting scientists' participation in public life. *Public understanding of science (Bristol, England)*, *22*(8), 971-987.

Besley, J. C. & Nisbet, M. (2013). How scientists view the public, the media and the political process. *Public Understanding of Science*, *22*(6), 644-659.

Besley, J. C., & Tanner, A. H. (2011). What Science Communication Scholars Think About Training Scientists to Communicate. *Science Communication*, *33*(2), 239-263.

Black, P., & Wiliam, D. (1998). Assessment and Classroom Learning. *Assessment in Education: Principles, Policy & Practice*, *5*(1), 7-74.

Black, P. J. (1993). Formative and Summative Assessment by Teachers. *Studies in Science Education*, *21*(1), 49-97.

Bogue, B., Shanahan, B., Marra, R. M., & Cady, E. T. (2013). Outcomes-Based Assessment: Driving Outreach Program Effectiveness. *Leadership and Management in Engineering*, *13*(1), 27-34.

Bracken, D. W., Timmreck, C. W., Fleenor, J. W., & Summers, L. (2001). 360 Feedback from Another Angle. *Human Resource Management*, *40*(1), 3-20.

Brownell, S. E., Price, J. V, & Steinman, L. (2013). A writing-intensive course improves biology undergraduates' perception and confidence of their abilities to read scientific literature and communicate science. *Advances in Physiology Education*, *37*(1), 70–79.

Brutus, S., Aguinis, H., & Wassmer, U. (2013). Self-Reported Limitations and Future Directions in Scholarly Reports. *Journal of Management*, *39*(1), 48–75.

Burden, S., Topping, A., & O'Halloran, C. (2015). The value of artefacts in stimulated-recall interviews. *Nurse Researcher*, *23*(1), 26–33.

Cameron, C., Collie, C. L., Baldwin, C. D., Bartholomew, L. K., Palmer, J. L., Greer, M., & Chang, S. (2013). The development of scientific communication skills: a qualitative study of the perceptions of trainees and their mentors. *Academic medicine : journal of the Association of American Medical Colleges*, *88*(10), 1499–1506.

Cerrato, S., Daelli, V., Pertot, H., Puccioni, O. (2018). The publicengaged scientists: Motivations, enablers and barriers. *Research for All*, *2*(2), 313–322.

Chapelle, C.A., Cotos, E., & Lee, J. (2015). Validity arguments for diagnostic assessment using automated writing evaluation. *Language Testing*, *32*(3), 385–405.

Creswell, J. (2003). *Research design: Qualitative, quantitative, and mixed methods approaches* . Thousand Oaks, CA: Sage.

Dudo, A. (2012). Toward a Model of Scientists' Public Communication Activity: The Case of Biomedical Researchers. *Science Communication*, *35*(4), 476–501.

Dudo, A., & Besley, J. J. C. (2016). Scientists' Prioritization of Communication Objectives for Public Engagement. *PLoS One*, *11*(2), e0148867.

Dunwoody, S., Brossard, D., & Dudo, A. (2009). Socialization or Rewards? Predicting U.S. Scientist-Media Interactions. *Journalism & Mass Communication Quarterly*, *86*(2), 299–314.

Ecklund, E. H., James, S. A., and Lincoln, A. E. (2012). How academic biologists and physicists view science outreach. *PloS One*, *7*(5), e36240.

Eliot & Associates. (2007). Guidelines for Conducting a Focus Group.

Entradas, M. & Bauer, M. M. (2016). Mobilisation for public engagement: Benchmarking the practices of research institutes. *Public understanding of science*, doi: 10.1177/0963662516633834

Grand, A., Davies, G., Holliman, R., & Adams, A. (2015). Mapping public engagement with research in a UK University. *PloS One*, *10*(4), e0121874.

Haran, B., & Poliakof, M. (2011). How to measure the impact of chemistry on the small screen. *Nature Chemistry*, *3*, 180–182.

Harlen, W., & James, M. (1997). Assessment and Learning: differences and relationships between formative and summative assessment. *Assessment in Education: Principles, Policy & Practice*, *4*(3), 365–379.

Holt, R. W., Boehm-Davis, D. A., & Beaubien, J. M. (2001). Evaluating Resource Management Training. In E. Salas, C. A. Bowers, & E. Edens, (Eds.), *Improving Teamwork in Organizations: Applications of Resource Management Training* (pp. 165–190). Boca Raton: CRC Press.

Holton, E. F. (1996). The flawed four-level evaluation model. *Human Resource Development Quarterly*, *7*(1), 5–21.

Jonsson, A., & Svingby, G. (2007). The use of scoring rubrics: Reliability, validity and educational consequences. *Educational Research Review*, *2*(2), 130–144.

Khandker, S. R. (2010). *Handbook on Impact Evaluation: Quantitative Methods and Practices*. 1st edition. Washington, DC: World Bank.

Kirkpatrick, D. L. (1967). Evaluation of training. In R. L. Craig & L. R. Bittel (Eds.), *Training and Development Handbook* (pp. 87–112). New York: McGraw Hill.

Kraiger, K., Ford, J. K., & Salas, E. (1993). Application of Cognitive, Skill-Based, and Affective Theories of Learning Outcomes to New Methods of Training Evaluation. *Journal of Applied Psychology*, *78*(2), 311–328.

Lippe, M., & Carter, P. (2018). Using the CIPP Model to Assess Nursing Education Program Quality and Merit. *Teaching and Learning in Nursing*, *13*(1), 9–13.

Lyle, J. (2003). Stimulated recall: a report on its use in naturalistic research. *British Educational Research Journal*, *29*(6), 861–878.

Masadeh, M. A. (2012). Focus Group: Reviews and Practices. *International Journal of Applied Science and Technology*, *2*(10).

McCann, B. M., Cramer, C. B., & Taylor, L. G. (2015). Assessing the Impact of Educa-tion and Outreach Activities on Research Scientists. *Journal of Higher Education Outreach and Engagement*, *19*(1), 65–78.

McGillin, V. (2003). Research versus Assessment: What's the Difference? [online]. *Academic Advising Today*. Available from: www.nacada.ksu.edu/Resources/Academic-Advising-Today/View-Articles/Research-versus-Assessment-Whats-the-Difference.aspx [Accessed 22 Jul 2018].

Mercer-Mapstone, L., & Kuchel, L. (2015a). Teaching Scientists to Communicate: Evidence-based assessment for undergraduate science education. *International Journal of Science Education*, 37(10), 1613–1638.

Mercer-Mapstone, L., & Kuchel, L. (2015b). Core Skills for Effective Science Communication: A Teaching Resource for Undergraduate Science Education. *International Journal of Science Education, Part B*, 1–21.

Metcalfe, J. E. & Gascoigne, T. (2009). Teaching Scientists to Interact with the Media. *Issues*, 87.

Montgomery, S. L. (2017). *The Chicago Guide to Communicating Science*. 2nd Edition. Chicago: University of Chicago Press.

Nagle, B., & Williams, N. (2004). Methodology Brief: Introduction to Focus Groups. *Extension Community and Economic Development Publications*, 7.

National Academies of Sciences Engineering and Medicine. (2017). *Communicating Science Effectively: A Research Agenda*.

Nisbet, M. C., & Scheufele, D.A. (2009). What's next for science communication? *American Journal of Botany*, 96(10), 1767–1778.

Patton, M. Q. (2015). *Qualitative research & evaluation methods: integrating theory and practice*. Saint Paul, MN: Sage.

Peterman, K., Robertson Evia, J., Cloyd, E., & Besley, J. C. (2017). Assessing Public Engagement Outcomes by the Use of an Outcome Expectations Scale for Scientists. *Science Communication*, 39(6), 782–797.

Peters, H.P. (2012). Gap between science and media revisited: Scientists as public communicators. *Proceedings of the National Academy of Sciences of the United States of America*, 110 (Supplement_3), 14102–14109.

Poliakoff, E., & Webb, T. L. (2007). What Factors Predict Scientists' Intentions to Participate in Public Engagement of Science Activities? *Science Communication*, 29(2), 242–263.

Praslova, L. (2010). Adaptation of Kirkpatrick's four level model of training criteria to assessment of learning outcomes and program evaluation in Higher Education. *Educational Assessment, Evaluation and Accountability*, *22*(3), 215–225.

Raizen, S. A., & Rossi, P. H. (1981). *Program evaluation in education, when? how? to what ends?* Washington, DC 20418: National Academy Press.

Rakedzon, T. and Baram-Tsabari, A. (2017). Assessing and improving L2 graduate students' popular science and academic writing in an academic writing course. *Educational Psychology*, *37*(1), 48–66.

Rakedzon, T., Segev, E., Chapnik, N., Yosef, R., & Baram-Tsabari, A. (2017). Automatic jargon identifier for scientists engaging with the public and science communication educators. *PLoS One*, *12*(8), e0181742.

Robertson Evia, J., Peterman, K., Cloyd, E., & Besley, J. (2018). Validating a scale that measures scientists' self-efficacy for public engagement with science. *International Journal of Science Education, Part B*, *8*(1), 40–52.

Rodgers, S., Wang, Z., Maras, M. A., Burgoyne, S., Balakrishnan, B., Stemmle, J., & Schultz, J. C. (2018). Decoding Science: Development and Evaluation of a Science Communication Training Program Using a Triangulated Framework. *Science Communication*, *40*(1), 3–32.

Rowland, S., Hardy, J., Colthorpe, K., Pedwell, R., & Kuchel, L. (2018). CLIPS (Communication Learning in Practice for Scientists): A New Online Resource Leverages Assessment to Help Students and Academics Improve Science Communication. *Journal of Microbiology & Biology Education*, *19*(1).

Royal Society, The. (2006). *Survey of factors affecting science communication by scientists and engineers*. London: The Royal Society

Salas, E., Tannenbaum, S. I., Kraiger, K., & Smith-Jentsch, K. A. (2012). The Science of Training and Development in Organizations: What Matters in Practice. *Psychological Science in the Public Interest*, *13*(2), 74–101.

Sevian, H., & Gonsalves, L. (2008). Analysing how Scientists Explain their Research: A rubric for measuring the effectiveness of scientific explanations. *International Journal of Science Education*, *30*(11), 1441–1467.

Sheehan, K. B. (2006). E-mail Survey Response Rates: A Review. *Journal of Computer-Mediated Communication*, *6*(2), 0–0.

Shubert, C. W., & Meredith, D. C. (2015). Stimulated recall interviews for describing pragmatic epistemology. *Physical Review Special Topics – Physics Education Research*, *11*(2), 020138.

Stone, A. A., Turkkan, J., Bacharach, C. A., Jobe, J. B., Kurtzman, H. S., & Cain, V. S. (1999). *The Science of Self Report: Implications for Research and Practice*. Lawrence Erlbaum Associates, Inc.

Stufflebeam, D. L. (2003). The CIPP Model for Evaluation. In T. Kellaghan & D. L. Stufflebeam (Eds.), *The International Handbook of Educational Evaluation* (pp. 31–62). Dordrecht: Springer Netherlands.

Tucker, J. M. (2014). Stop Asking Students to "Strongly Agree": Let's Directly Measure Cocurricular Learning. *About Campus*, *19*(4), 29–32.

Upcraft, M. L., & Schuh, J. H. (2002). Assessment Vs. Research why we Should Care about the Difference. https://doi.org/10.1177/108648220200700104.

Wiliam, D., & Black, P. (1996). Meanings and Consequences: a basis for distinguishing formative and summative functions of assessment? *British Educational Research Journal*, *22*(5), 537–548.

ial_content
第三部分

科学传播培训的未来方向

9　放弃失控的列车
——放慢脚步，利用从健康传播培训中汲取的经验

布伦达·麦克阿瑟，尼科尔·利维和阿曼达·吴

科学界正受到政府资助方面的压力（Mervis, 2017），而公众的认知也因为科学的神秘性和专业性被误导（Vosoughi, Roy & Aral, 2018），这样造成许多科学家错误地以为公众不再相信科学（Jackson, 2018）。科学家们并没有将科学传播当作科学事业的一部分，既而造成科学界跟公众之间的鸿沟越拉越大（Rajput, 2017）。科学家们已经意识到了问题的严重性，并且认识到要弥合这个不断增大的鸿沟必须付出巨大的努力。科学传播培训领域的指数级增长正反映了这种动向，科学家们正努力寻找能够实施高效传播的突破口。由于对科学传播培训的需求在不断增加，目前最重要的是要让培训精准对接科学界所关心的核心问题。相关做法以及科学界的反馈都已经贯彻到了研究当中（Besley, Dudo, Storksdieck, 2015; Besley, Dudo, Yuan, Ghannam, 2016; Trench & Miller, 2012）。这样快速增长的劲头使培训项目的高度多样性（Baram-Tsabari & Lewenstein, 2017），既包括采用传统方式教学的项目，也有更具体验性的情境学习项目（Yuan等，2017）。就在不久之前，健康传播领域的问题就以相似的方式呈现了出来，促使健康护理专家努力去寻求能够巩固与患者沟通交流的传播培训做法。

从健康传播中收获经验

科学传播和健康传播这两者几乎不可避免地会被放在一起进行比较，尤其是在有经验可供汲取的情况下。首先，健康传播这个概念的产生就是源自许多患者对其护理质量的投诉。而现在，科学传播这个概念的产生也是源自该领域所面临的问题。其次，健康护理的传统做法是要求患者单纯地接受指导，却从来没有得到过解释，这样的做法导致患者并不会按照指导的要求去做，而且对健康护理专家也失去了信心（Kerse 等，2004）。同样地，科学家们对公众的预期往往只是照着政策要求的做法去做就好，却从来没有一个清晰的、能够帮助公众更好地去理解和执行政策的解读。最后，这两者都背离了传播原有的本意，传播的本意其实指的是一种"软"手段，并非技术层面的知识或技能。基于健康传播领域已获取的一些成功经验和持续性做法，科技传播培训可以寻求发现一些独特的好做法，并且规避健康传播培训潜在的一些风险。

本章介绍的是科学传播人员从健康传播培训领域学习到的三个重要经验，并介绍一些重要的、能够迅速用于实践的做法。

经验1：勇于承担举证责任，而不是到处指责

科学是复杂的，人们想要了解它，往往会想当然地找一些捷径或是自认为正确的办法（Akin & Scheufele, 2017; Scheufele, 2006）——这就使公众会提出很多问题。传播也是复杂的，有时候那些问题会对科学家正在从事的某一个研究项目或领域产生挑战。当这种情况发生时，科学家往往会归罪于大众，怪外行人缺乏科学知识（Davies, 2008），怪媒体曲解科学消息，怪政府官员发布过激言论（皮尤研究中心，2017）。所有这些情况都源自科学界没能正视举证的责任，并将其用于帮助大众理解科学发现成果对个人的意义。

科学家们对大众存在这样的认知并非特例。健康护理专家在说明或

解释复杂的健康领域的知识时同样也会怪罪大众什么都不懂。那些没有遵照医嘱进行治疗的患者往往会被贴上"不听话"的标签，而那些老是问问题的患者被贴上的标签则是"麻烦"（Russell, Daly, Hughes & Op't Hoog, 2003）。想要进一步进行澄清的护理人员则被认为是骄傲、蛮横的（Laidsaar-Powell, Butow, Boyle & Juraskova, 2018），在线健康咨询（也叫作"谷歌医生"）提供的信息往往是不准确的（Benigeri & Pluye, 2003; Fisher, O'Connor, Flexman, Shapera & Ryerson, 2016）。在健康护理方面，某种程度上传播培训是必需的，健康护理专家们应当担负起更多的责任，将健康信息传播给没有受过专业知识学习的大众，使他们理解、懂得更多健康方面的知识。多数健康传播培训集中在以患者为中心的传播上，这就要求健康护理专家们既要考虑患者的生理状况（即医学上的那些体征信息），还要考虑与这些生理状况相关联的个人体验（即患者的情绪、顾虑、感受等）（Dean & Street, 2016）。这样，健康护理专家就能把患者当成一个"完整的人"来进行了解，而且也能够对患者传播更复杂的健康知识，并在很大程度上得到他们的共鸣。通过以患者为中心这样的传播方式，健康护理专家可以发现患者之间的共同点、建立医患之间的信任，并提供精准且特定的专业信息，以克服患者各自特有的传播障碍（Stewart 等, 1995）。

让科学界人士了解到以上情况是非常重要的。科学传播培训的任务是要教会科学家们去以一种以受众为中心的做法向不懂专业的大众进行复杂科学知识的宣传。与以患者为中心的传播方式相类似，这种做法要求科学家将关注的重点放在其受众的兴趣点、关注点、对科学的理解程度等方面，并利用这些信息来构建一套与受众最相关、最贴近的科学知识体系（Rogers, 2000）。这种做法是对以往思维缺失的一种转变，这种缺失的产生则是来自科学家和大众之间信息和知识的不对称（Layton, Jenkins, McGill, Davey, 1993; Wynne, 1991; Ziman, 1991）。以受众为中心的做法形成的格局是把科学事实的压力放在科学家身上，让科学家跟更多、更广泛的受众进行更有效的沟通，而不是往他们的专业缺口中填进更多的知识（Bauer, Allum, Miller, 2007）。人类是一种复杂的综合体。我们对科学的看法来自个人的体验以及文化、经济还有政治方面的观念（Sturgin & Allum, 2004），所以，科学家最要考虑的问题是如何将这些因素转化为形成有效的传播因子。

那么，科学界应该采取怎样的行动才能从缺失思维模式转变为一个更加整体全面的科学传播模式呢？让我们来看经验 2。

经验 2：将重点受众拉进以受众为中心的培训

在科学传播工作中，我们往往将受众理解为单向接受科学知识的那类人群。而在培训的语境中，科学家则变成了单向接受培训内容的受众。在以证据为基础的培训的设计和实行当中，培训人员必须变成科学界人士的受众。所以，不是在这里，就是在那里，我们每个人都可能成为受众。既然都是受众，培训对象的观点总是会被纳入传播培训发展的考量当中，从而形成一个强力的证据基础（Brown & Bylund, 2008; Kreps, 2014; Neuhauser & Paul, 2011）。不过，其他受众的观点却并没有得到充分的关注。随着受关注程度的日渐提高，科学传播培训呈现出指数级增长的态势，表现为广泛开展了多种培训课程（Baram-Tsabari & Lewenstein, 2017）。为了满足这些需求，许多科学传播培训想当然地以为已经有了一个明确的长期目标，于是联合科学家开展培训，其结果往往是只针对某些特定的传播技术进行培训（Besley 等，2016），而忽略了一个非常关键的部分。

在健康护理人员发现护理标准出现下降，既而经济问题暴露出来的时候，人们才意识到健康传播领域在传播培训方面也面临着类似的需求增长的问题。相关的传播培训以一种类似的方式开展起来，专门针对护理标准问题提出快速的解决方案。这类培训多数是通过努力提高解释性话语的简化程度来让患者搞懂复杂的健康知识（Sudore & Schillinger, 2009），但是随着时间的推移，这样的培训收效甚微（Kreps, 2014）。直到以患者为中心的传播理念引入之后，培训人员才意识到有效的传播并不只是简化知识传递这么简单。要调动起患者的主观能动性，要做的不仅是让他们了解那些知识，还要让他们了解培训对他们个人的情况和诉求是有意义的、有关联的（Stubblefield, 1997; Hall & Johnson-Turbes, 2015）。对患者而言，护理水平的高低不仅在于护理人员说了什么，更在于说的环境（Donabedian, 1992）。这里就有两则重要的经验值得学习。一是让科学家学会如何把复杂的语言简单化，这将有助于公众在较短时间内了解一个科学概念。但对概念的理解如果没有跟个人的情况和诉求相关联的话，那么后续很难做到加深理解，更谈不上付诸行动（Cook & Artino, 2016）。二是在设计以证据为基础的培训时，培训人员要将目标受众的看法跟社会科学研究的情况结合起来，这样才能确保培训能够实现他们希望达成的长期目标并且具有延续性。

培训目标

跟健康护理人员的培训相类似，科学家们也在以微观层次传播能力为目标的培训中发现了巨大的价值，如信息理解以及源头取信（Besley 等，2015, 2016）。掌握这种能力可以很好地帮助科学家完成以往传播知识的目的，并在短期内填上知识的空缺。但是他们并没有考虑到长期的情况，比如如何提高公众的参与度以促进科学界和公众之间进行更富有意义的交流。美国国家科学院萨克勒论坛的有关"科学传播的科学"的专题讨论将科学家跟科学传播背后的社会科学问题联系在了一起（Besley 等，2015），这跟健康传播领域将健康护理专家跟医疗活动背后的社会科学问题联系在一起非常相似。如同健康传播的情况一样，这项研究始终坚持将以受众为中心的传播目标作为关键点进行强调。它让走向公众的科学家们可以利用传播这种手段去增强交流、激发对科学的兴趣和激情、调动受众的能动性，并建立对科学的信任（Storksdieck, Stein, Dancu, 2006）。美国国家科学院给科学传播确立了五个目标（美国国家科学院、工程院和医学院，2017, p.2）：

1. 在分享科学成果和兴趣点上做到通俗易懂。
2. 在科学是了解和引领现代世界的有效办法这一点上争取更多的认同。
3. 在科学的某一特定事项上实现大众知识和认知的突破。
4. 在人们的看法、做法以及政策导向上产生影响。

5. 在团结不同群体上实现融合，将他们对与重大社会事件相关的科学问题的看法采纳进来，以寻找关乎每一个人的社会问题的解决方案。

不过这项研究也揭示出许多科学家仍然对科学传播培训的价值持传统的观点。他们并不认为学习那些可以让人们觉得他们变得有响应力、有同情感、有责任心的技能有多么重要。他们把为了回应受众而重塑科学的能力看成是最没有价值的、最不符合伦理的、最没有可能完成的传播技能（Besley等，2015）。更有甚者，在一项近期的研究中发现，科学家们将"保卫科学"以及"向公众知会科学内容"作为他们寄望于传播培训实现的最高目标，而"激发公众对科学的兴趣""建立信任"以及"定制信息"则不被看重（Dudo & Besley，2016）。这些发现揭示了科学家跟社会科学研究者之间在"传播培训能够给这个领域带来什么"这个问题上存在着明显不同的看法。

融合不同的观点

科学家们希望传播培训能够教一些快速解决问题的方法——填补知识上的空缺。科学传播专家则建议教的东西应该用于更广泛的、以受众为中心的目标上面，如增加公众的参与度，这看起来更能经受得住时间的考验。后一种做法更加复杂，需要在科学进程中投入更多的精力、更长的时间以及在传播上做到更好的融合（Bankston & McDowell，2018）。我们清楚，在科学家投入面向公众参与的传播培训之前，他们必须先接受一点，即这样的培训能够解决他们不断关切的问题（Besley等，2015）。所以，科学传播培训项目的一个重要目标就是正视公众参与的价值。科学家需要了解这个长期目标以及这种对传统传播思维的改变是如何解决他们不断关切的问题的。如果培训人员将科学传播界定为以受众为中心的行为，而非简单的信息转移，那么科学家才有可能认同公众参与的价值所在，并在传播过程中为之付出。有研究表明，科学家的外部效力（即他们拥有认为公众参与能够产生作用这种信念，结合对特定培训目标的认知伦理），是对他们付诸以目标为导向的培训的价值的最好预判（Besley等，2015）。

从健康传播的案例中可以看出，早在健康护理专家由长期的家长式管理转向以患者为中心的做法之前，传播就已经作为健康护理事业的一部分而为人们所广泛接受了，并融合到健康护理事业中。而科学家也处在一个相类似的位置，他们放弃原有的赤字思维模型，转向以受众为中心的模式，从而将公众的参与融合进科学事业当中。如果科学家想要通过传播培训来解决科学界面临的一些核心问题的话，那么他们不得不接受这种以受众为中心的传播做法以应对各种变化，这样才能让传播效果长久地持续下去。从健康传播领域得到的经验可以看出，将以受众为中心的培训思想全盘贯彻到传播过程当中，完全可以改变现有的状况，并在以后的发展过程中长久地持续下去。

经验3：充分发挥现有体验性学习的价值——一条走向成功的实践之路

科学家总是习惯于记住那些他们曾经深刻体验过的信息，而对那些他们被动接收的信息则有所遗忘。体验性科学传播培训的教学方式不是机械性学习和记忆，而是针对促进批判思维和问题解决的能力进行训练（Gorghiu & Santi, 2016）。科学家通过践行新学到的传播技能，可以将更深层的内心思考带入他们个人对抽象概念应用于实际的观察之中，这对他们今后做法的改变会产生持续性的影响（Dewey, 1938; Kolb, 1984）。科学传播培训给科学界带来的益处是有着广泛共识的（Besley & Tanner, 2011），但是培训的实施，特别是那些本身就带有体验性的培训，却要遭遇来自逻辑上的挑战，从而变得不够普遍。跟健康传播培训人员遭遇的情况一样，科学传播培训人员面临的问题也是科学家能够用于传播培训的时间少之又少，特别是在看不见付出得到回报的情况下。在这最后的部分，我们想格外强调一个健康传播培训领域得出的重要经验——要把传播培训有机地融入医学教育以及健康护理的培养体系当中去。

正规教育

美国国家医学院将能够实施以患者为中心护理方式的能力确立为所

有健康护理人员的核心能力（Makoul, 2001; National Academy of Medicine, 2018）。这一点有力地促进了健康传播融入健康科学当中去。时至今日，传播课程正加速成为医学教育的核心要求的一个有机组成部分（Bennett & Lyons, 2011; Cegala & Broz, 2002; Norgaard, Ammentorp, Kyvik, Kofoed, 2012）。这就是说，这些课程正在进入传统的教学体系当中，而很多教学人员尚不能适应这种变化。健康传播研究人员不断地在强调一个情况，即由于传播技能需要经过长时间的实践才能掌握，因而培训项目必须尽可能地考虑到现实情况，这样才能起到作用（Kreps & Thornton, 1992; Ross, 2012）。问题在于，体验性学习需要时间，只有经过反复多次的锻炼才能获得成功（Koponen, Pyorala, Isotalus, 2012）。结果就是传统的教学式培训，由于其操作上的便捷性、成本上的经济性以及可以在可控平台上进行一对多教学的设计，成了实施医学教育一个理想的选项（Roter 等, 2012）。但是健康传播研究人员仍然强烈地提出，即便这样的培训可以做到在认知技能教学上的成功，但面对面的教学和实践活动依然要纳入情感式传播技能，并将其坚持下去（Wittenberg-Lyles, Goldsmith, Ferrell, Burchett, 2014）。当健康传播培训人员仍在努力地摆脱传统的认知技能医学教学的时候，他们也找到了一些能够将这种教学做法跟现有的体验性学习进行结合的方式。

充分利用现有的机会

在科学教育体系中，对学分的高度要求让传播课程很难纳入现有的教学体系当中（Train & Miyamoto, 2017）。改变这一现状的一个办法是在科学知识内容的教学中融入科学传播技能的教学（Brownell, Price, Steinman, 2013）。这样做的好处就是突出强调了传播是科学事业中的一个有机组成部分，而不是教学项目之外的一个附加部分，抑或是教学项目完成之后的补足部分。在美国国家医学院将传播确立为核心能力之前，类似的做法已经在医学教育领域得到了贯彻。健康传播培训人员也从顶层设计角度将传播纳入现有的教育体系当中，以确保传播培训能够搭上体验性学习的快车。

跟飞行员进行飞行模拟培训相类似，临床医学模拟机构常常会聘请演员模拟出患者在交流过程的各种真实表现。受训人员需要对这些"标准化的患者"进行护理，培训人员根据其实践操作情况就其医学知识和技能进行评判。现在大多数模拟机构都会评判受训人员在以患者为中心传播做法上的表现（Arnold, McKenzie, Miller & Mancini, 2018）。在完成这种以场景为基础上的实践之后，健康护理专家会在临床实践中表现出沟通能力的进步（Hsu, Chang, & Hsieh, 2015），他们的自我效能感（Norgaard 等，2012）和自信心（Brown 等，2010；Hahn & Cadogan, 2011）也得到了提高。对健康护理专家来说，传统教学式的传播培训也许适合对认知技能的掌握，但是后期跟踪随访时如果遇到像临床模拟机构里对那些实践或"经验"方面的技能要求，就需要有相关的学习经验。运用传播技能进行实践操作的健康护理专家有三倍多的可能性会记住这些技能，这是因为他们将认知技能结合个人的经历进行了内化（Gaffney, Farnan, Hirsch, McGinty, Arora, 2016）。科学传播培训人员也可以借鉴这样的做法，在科学教育当中充分利用现有的体验性学习要求。体验性学习要求会因为专业的不同而有所不同，理工科会要求实地操作，而文科可能会在内容拓展上有所要求。不论哪种，把自然科学和社会科学两方面专家的要求结合起来，达成体验性的要求，会为高质量的科学传播培训带来一个前所未有的机遇，实现跨学科合作的利益最大化。这样的培训场景可以让科学传播技能在特定的情境下被带给培训者，该情境就是技能最终会被应用到的地方，通过这样的传播培训，可以最大程度实现科学家行为上的转变（Craig 等，2008；Lipsey, 1993；Sidani & Sechrest, 1999）。

健康传播培训人员利用现有医学体系进行体验性学习的另一个做法是一种称为施瓦茨圆桌®的互动式圆桌讨论。这种相对非正式的会议主要是在午餐时间进行，把各领域的健康护理专家召集起来共同讨论，人员可能包括医学人文工作者、社会科学研究人员甚至是患者。温和的讨论形式可以让与会者分享经验，并且就其在患者护理过程遭遇的社会和情感问题进行讨论，这样的做法完全是这些专业人士的一次不寻常之举（Groopman，2007）。这样的会议得以实行的基础则是以患者为中心的传播理念，它认为传播不仅是具备能够传递容易理解的健康知识的能力，而是需要做得更多。为了最终实现患者认可的高质量健康护理水平，相关传播必须将患者作为一个完整的人来进行考虑，并将这一点真正地联系到传播实践当中去（Donabedian，1992）。这其中所需要的技能只能是从第一手经验当中去找（Kolb，1984）。对科学家来说，以受众为中心的传播理念也是同样的。如果科学传播培训的宏远目标是要最终实现公众参与，那么科学家必须要学会用同一个人性基准去跟不同的受众进行沟通。如果像培训人员建议的那样，科学家们可把对公众的传播当作一次回馈社会的机会的话（Yuan 等，2017），那么他们大概率会支持以受众为中心的传播做法。类似施瓦茨圆桌®这样的体验性学习平台可以开展起来，这样既可以让科学家对自己专业身份之外的另一面有所了解，还能让他们了解到沟通交流的价值。

专业发展

健康传播培训人员已经找到了解决问题的办法，用以补偿健康护理专家们本该用于进行专业研究的时间损失。不像科学传播培训，健康传播培训是已经在一线工作的健康护理专家的一种常规例行的专业发展机会，叫作持续性医学教育（CME）。每年所有的健康护理专家都必须完成持续性医学教育一个基本积分，才能通过资质审查继续执业。这些项目需要由不同的审查机构进行审批，这些审查机构涉及健康护理的每一个专业领域。有了资质之后，健康专家就有动力参加传播培训了，因为他们可以把这个时间算作参加专业发展活动。虽然目前对科学家还没有一个正式专业发展要求，但是如果能够通过专业渠道找到一些途径来督促他们，也可以实现类似的结果。比如，多数科学家都可以在其供职的大学或机构里为其参加专业会议找到资金支持。如果科学传播培训以会前讲习班的形式或会议主板块的形式施行起来，让科学家们把它当成年会来出席，那么他们可能会更有动力参与进来。

设计与实施高质量的体验式传播培训，给已经时间紧迫、财力有限的卫生和科学领域带来了额外的负担。健康传播培训人员已经找到了解决问题的办法，他们以现有的教育体系为基础进行体验性学习，并将培训作为专业发展机会的一部分。就像我们所看到的那样，虽然用传统教学式做法进行传播培训并不理想，但还是绕不开这一环节。将以受众为中心的传播技能融入现有的体验性学习做法里可以减少培训成本，最大化地有效利用时间，并保证了一个高质量的学习环境。

结论

近几十年健康传播事业经历了一个飞速发展的阶段，这很大程度上得益于其价值得到了医疗体系的正式认可，而且以患者为中心的传播理念也被确立为所有健康护理专家的核心要求。整个领域正逐步由传统的家长式模式转向为以患者为中心的模式，而后者正是传播走向成功的关键。科学领域尚没有进行这种转变。不过，有着来自美国国家科学院的支持和认同，"科学传播的科学"事业的崛起一定会带来这种转变的。这是科学领域向未来发展的一个关键。科学家要像健康护理专家与健康传播学者合作那样，跟科学传播研究人员联合起来，推动以受众为中心的传播事业向公众更高的理解度和参与度这个方向发展，最终实现公众对科学具有更高的支持度。

参考文献

Arnold, J. L., McKenzie, F. D., Miller, J. L., & Mancini, M. E. (2018). The many faces of patient-centered simulation. *Simulation in Healthcare: The Journal of the Society for Simulation in Healthcare, 13*, 51–55. doi: 10.1097/SIH.0000000000000312.

Akin, H., & Scheufele, D. A. (2017). Overview of the Science of Science Communication. In: *The Oxford Handbook of The Science of Science Communication* (pp. 25–33). Oxford: Oxford University Press,.

Bankston, A., & McDowell, G. S. (2018). Changing the culture of science communication training for junior scientists. *Journal of Microbiology & Biology Education, 19*,1-6. doi: 10.1128/jmbe.v19i1.1413

Baram-Tsabari, A., & Lewenstein, B. V. (2017). Science communication training: What are we trying to teach? *International Journal of Science Education, 7*(3), 285-300. doi: 10.1080/21548455.2017.1303756

Bauer, M. W., Allum, N., & Miller, S. (2007). What can we learn from 25 years of PUS survey research? Liberating and expanding the agenda. *Public Understanding of Science, 16*, 79-95. doi: 10.1177/0963662506071287

Benigeri, M., & Pluye, P. (2003). Shortcomings of health information on the internet. *Health Promotion International, 18*, 381-386. doi: 10.1093/heapro/dag409

Bennett, K., & Lyons, Z. (2011). Communication skills in medical education: An integrated approach. *Education Research and Perspectives, 38*, 45-56.

Besley, J., & Tanner, A. (2011). What science communication scholars think about training scientists to communicate. *Science Communication, 33*, 239-263.

Besley, J., Dudo, A., & Storksdieck, M. (2015). Scientists' views about communication training. *Journal of Research in Science Teaching, 52*, 199-220.

Besley, J., Dudo, A., Yuan, S., & Ghannam, N. A. (2016). Qualitative interviews with science communication trainers about communication objectives and goals. *Science Communication, 38*, 356-381.

Brown, R. F., & Bylund, C. L. (2008). Communication skills training: Describing a new conceptual model. *Academic Medicine, 83*, 37-44.

Brown, R. F., Bylund, C. L., Gueguen, J. A., Diamond, C., Eddington, J., & Kissane, D. (2010). Developing communication skills training for oncologists: Describing the content and efficacy of training. *Communication Education, 59*, 235-248.

Brownell, S. E., Price, J. V., & Steinman, L. (2013). Science communication to the general public: Why we need to teach undergraduate and graduate students this skill as part of their formal scientific training. *Journal of Undergraduate*

Neuroscience Education, 12, 6–10.

Cegala, D. J., & Broz, S. L. (2002). Physician communication skills training: A review of the theoretical backgrounds, objectives and skills. *Medical Education, 36*, 1004–1016.

Cook, D. A., & Artino, A. R. (2016). Motivation to learn: An overview of contemporary theories. *Medical Education, 50*, 997–1014. 10.1111/medu.13074

Craig, P., Dieppe, P., Macintyre, S., Michie, S., Nazareth, I., & Petticrew, M. (2008). Developing and evaluating complex interventions: the new Medical Research Council guidance. *British Medical Journal*mj, *337*, a1655.

Davies, S. R. (2008). Constructing communication: Talking to scientists about talking to the public. *Science Communication, 29*, 413–434. doi: 10.1177/1075547009316222

Dean, M., & Street, R. L. (2016). Patient-centered communication. In E. Wittenberg, B. Ferrell, J. Goldsmith, T. Smith, S. Ragan, M. Glajchen & G. Handzo (Eds.), *Textbook of Palliative Care Communication* (pp. 238–245). New York, NY: Oxford University Press.

Dewey, J. (1938). *Experience and Education*. New York: Macmillan.

Donabedian A. (1992). Quality assurance in health care: Consumers' role (The Lichfield Lecture). *Quality Health Care, 1*, 247–251.

Dudo, A., & Besley, J. C. (2016). Scientists' prioritization of communication objectives for public engagement. *PLoS ONE, 11*, 1–18.

Fisher, J. H., O'Connor, D., Flexman, A. M., Shapera, S., & Ryerson, C. J. (2016). Accuracy and reliability of internet resources for information on idiopathic pulmonary fibrosis. *American Journal of Respiratory and Critical Care Medicine, 194*. doi: 10.1164/rccm.201512-2393OC

Gaffney, S., Farnan, J. M., Hirsch, K., McGinty, M., & Arora, V. M. (2016). The modified, multi-patient observed simulated handoff experience (M-OSHE): Assessment and feedback for entering residents on handoff performance. *Journal of General Internal Medicine. 31*, 438–441.

Gorghiu, G., & Santi, E. (2016). Applications of experiential learning in science education non-formal contexts. *The European Proceedings of Social &*

Behavioural Sciences, 320–326. doi: 10.15405/epsbs.2016.11.33.

Groopman, J. (2007). *How doctors think*. Boston, MA: Houghton Mifflin.

Hahn, J. E., & Cadogan, M. P. (2011). Development and evaluation of a staff training program on palliative care for persons with intellectual and developmental disabilities. *Journal of Policy & Practice in Intellectual Disabilities, 8*, 42–52.

Hall, I. J., & Johnson-Turbes, A. (2015). Use of persuasive health messages framework in the development of a community-based mammography promotion campaign. *Cancer Causes & Control, 26*(5), 775–784. doi: 10.1007/s10552-015-0537-0

Hsu, L. L., Chang, W.H., & Hsieh, S. I. (2015). The effects of scenario-based simulation course training on nurses' communication competence and self-efficacy: A randomized controlled trial. *Journal of Professional Nursing, 31*, 37–49.

Jackson, C. (2018). The public mostly trusts science. So why are scientists worried? *Science.* doi: 10.1126/science.aat3580

Kerse, N., Buetow, S., Mainous, A. G., Young, G., Coster, G., & Arroll, B. (2004). Physician-patient relationship and medication compliance: A primary care investigation. *Annals of Family Medicine, 2*, 455–461. doi: 10.1370/afm.139

Kolb, D. (1984). *Experiential Learning: experience as the source of learning and development*. Englewood, NJ: Prentice Hall.

Koponen, J., Pyorala, E., & Isotalus, P. (2012). Comparing three experiential learning methods and their effect on medical students' attitudes to learning communication skills. *Medical Teacher, 34*, 198–207.

Kreps, G. L. (2014). Evaluating health communication programs to enhance health care and health promotion. *Journal of Health Communication, 19*, 1449–1459. doi: 10.1080/10810730.2014.954080

Kreps, G. L., & Thornton, B. C. (1992). *Heath communication theory and practice*. Prospect Heights, IL: Waveland Press.

Laidsaar-Powell, R., Butow, P., Boyle, F., & Juraskova, I. (2018). Managing challenging interactions with family caregivers in the cancer setting:

Guidelines for clinicians. *Patient Education and Counseling, 101*, 983–994. doi: 10.1016/j.pec.2018.01.020

Layton, D., Jenkins, E., McGill, S., & Davey, A. (1993). *Inarticulate science? Perspectives on the public understanding of science and some implications for science education*. East Yorkshire: Studies in Education.

Lipsey, M. W. (1993). Theory as method: Small theories of treatments. *New Directions for Program Evaluation, 57*, 5–38.

Makoul, G. (2001). Essential elements of communication in medical encounters: The kalamazoo consensus statement. *Academic Medicine, 76*, 390–393.

Mervis, J. (2017). Data check: U.S. government share of basic research funding falls below 50%. *Science* doi: 10.1126/science.aal0890

National Academy of Medicine. (2018). About the NAM. Retrieved from https://nam.edu/about-the-nam

National Academies of Sciences, Engineering, and Medicine. (2017). *Communicating Science Effectively: A Research Agenda*. Washington, DC: The National Academies Press. https://doi.org/10.17226/23674

Neuhauser, L., & Paul, K. (2011). Readability, comprehension and usability. In B. Fischhoff, N. T. Brewer & J. S. Downs (Eds.), *Communicating risks and benefits: An evidence-based user's guide* (pp. 129–148). Silver Spring, MD: U.S. Department of Health and Human Services.

Norgaard, B., Ammentorp, J., Kyvik, K., & Kofoed, P. (2012). Communication skills training increases self-efficacy of health care professionals. *Journal of Continuing Education in the Health Professions, 32*, 90–97.

Pew Research Center. (2017). The Partisan Divide on Political Values Grows Even Wider. Retrieved from: www.people-press.org/2017/10/05/the-partisan-divide-on-political-values-grows-even-wider/

Rajput, A. S. D. (2017). Science communication as an academic discipline: An Indian perspective. *Current Science, 113*, 2262–2267.

Rogers, C.L. (2000). Making the audience a key participant in the science communication process. *Science and Engineering Ethics, 6*, 553–557.

Ross, L. (2012). Interpersonal skills education for undergraduate nurses and paramedics. *Journal of Paramedic Practice, 4*, 655–661.

Roter, D. L., Wexler, R., Naragon, P., Forrest, B., Dees, J., Almodovar, A., & Wood, J. (2012). The impact of patient and physician computer mediated communication skill training on reported communication and patient satisfaction. *Patient Education and Counseling, 88*, 406–413.

Russell, S., Daly, J., Hughes, E., & op't Hoog, C. (2003). Nurses and 'difficult' patients: Negotiating non-compliance. *Journal of Advanced Nursing, 43*, 281–287. doi: 10.1046/j.1365-2648.2003.02711.x

Scheufele, D. A. (2006). Messages and heuristics: How audiences form attitudes about emerging technologies. In J. Turney (Ed.), *Engaging science: Thoughts, deeds, analysis and action* (pp. 20–25). London: The Wellcome Trust.

Sidani, S., & Sechrest, L. (1999). Putting theory into operation. *American Journal of Evaluation, 20*, 227–238.

Stewart, M., Brown, J. B., Weston, W. W., McWhinney, I. R., McWilliam, C. L., & Freeman, T. R. (1995). *Patient-centered medicine: Transforming the Clinical Method*. London: Sage.

Storksdieck, M., Stein, J. K., and Dancu, T. (2006). Summative evaluation of public engagement in current health science at the current science and technology center, Museum of Science, Boston. Annapolis, MD: Institute for Learning Innovation. Retrieved from: http://informalscience.org/images/evaluation/report_224.pdf

Stubblefield, C. (1997). Persuasive communication: Marketing health promotion. *Nursing Outlook, 45*, 173–177. doi: 10.1016/S0029-6554(97)90024-5

Sturgin, P., & Allum, N. (2004). Science in society: Re-evaluating the deficit model of public attitudes. *Public Understanding of Science, 13*, 55–74.

Sudore, R. L. & Schillinger, D. (2009). Interventions to improve care for patients with limited health literacy. *Journal of Clinical Outcomes Management, 16*, 20–29.

Train, T. L., & Miyamoto, Y. J. (2017). Encouraging science communication in an undergraduate curriculum improves students' perceptions and confidence. *Journal of College Science Teaching, 46*, 76–83.

Trench, B., & Miller, S. (2012). Policies and practices in supporting scientists' public communication through training. *Science and Public Policy, 39*, 722–731.

Vosoughi, S., Roy, D., & Aral, S. (2018). The spread of true and false news online. *Science, 359*, 1146–1151. 10.1126/science.aap9559

Wittenberg-Lyles, E., Goldsmith, J., Ferrell, B., & Burchett, M. (2014). Assessment of an interprofessional online curriculum for palliative care communication training. *Journal of Palliative Medicine 17*, 400–406.

Wynne, B. (1991). Knowledges in context. *Science, Technology and Human Values, 16*, 111–121.

Yuan, S., Oshita, T., Abi Ghannam, N., Dudo, A., Besley, J. C., & Hyeseung, E. (2017). Two-way communication between scientists and the public: A view from science communication trainers in North America. *International Journal of Science Education, 7*, 341–355.

Ziman, J. (1991). Public Understanding of Science. *Science, Technology, & Human Values, 16*(1), 99–105. https://doi.org/10.1177/016224399101600106

10 科学传播的地铁系统
——为支持科学家的公众参与工作建设高效的基础架构

布鲁克·史密斯

"列车正在关门,请不要站在门口。"对一个在华盛顿特区生活的人来说,在地铁驶离任何一个站点时你都会听到这段话。不管是华盛顿特区的、纽约的还是伦敦的地铁,公共交通系统都要尽可能快速、有效且安全地把大量人群运送到不同的地点。地铁不总是准时,轨道有时也要维修,但如果没有这样的公共交通基础架构,那么上下班时间街上会变得一团糟,道路也会拥挤不堪。地铁成为一座繁华、匆忙的城市里不可或缺的部分——作为运输人群的基础架构,它的作用就是快速且有效地运送大量人群。如果没有这种经过严谨设计的交通设施,人们会需要用更多的时间和资源才能去到目的地。

传播和公众参与是科学传播研究及实践正在蓬勃兴起的方向,鉴于许多科学家对此感兴趣,各种培训项目正推出上线,不同的传播目标和任务也正浮现出来——这也许正是思考为支持科学家的传播事业而建设基础架构,或者说造一套"地铁系统"的时候。[关于本章的主旨,作者将"传播"从广义上(包括一般意义上的传播、公众参与及其外延拓展)定义为科学(人物、事业进程以及知识内容)跟普通大众建立联系的各种方式。] 通过为科学传播事业建设基础架构可以让更多的科学家快速且有效地进行传播工作,让传播目标和任务明确地传达出来,让一套基于强力研究的实践做法得以创

10 科学传播的地铁系统——为支持科学家的公众参与工作建设高效的基础架构

造出来,并通过定期评估将其维持。在科学家为传播工作花费了大量时间、精力和资源却没有得到很好的效果的时候,我们要考虑建设一套基础架构来把他们尽可能快速且有效地运送到传播需要到达的目的地。

那么这套基础架构的建设和维持包括什么呢?它包含一个复杂的网络、结构化的系统以及多方面的努力,以保证地铁每天都能将人群送往不同的目的地(华盛顿特区的地铁系统每日要进行 800 000 次运送任务)。基础架构不仅要有"硬件结构"(物理网络),还要有"软件结构"(运行机制及思想文化)。要建构出一套强力的公共交通系统基础架构,或是一套可以适用于科学传播及社会参与的基础架构,你需要做到以下几点:明确的目的地、多样的途径或线路、一个运输指挥枢纽、相关研究(或工程开发)、政策制定、思想文化塑造以及资金支持。本章将介绍在基础架构中这些因素是如何影响科学传播工作的。[1]

地铁站点:科学传播的目的地

每条地铁线路都有多个站点,很少有人坐上了地铁却不清楚自己要去哪儿。乘客多数时候选择的是一条最直接去往目的地的路线。但是,对科学家以及那些支持科学传播和公众参与工作的人们(包括从业人员以及资助人士)来说,要明确地说出他们传播的目的地是哪儿却不太容易。没有明确的目标和任务,科学家就会迷失、转向,在传播工作中漫无目的。如果我们连科学家要达成什么目的都不知道,那我们更没法有效地监测和评估他们是否到达了目的地。

对科学传播来说,目标,或是目的地可以有无数种。美国国家科学院最近一项研究列出了科学传播的五个不同的目标:让公众了解科学、喜欢科学、探索科学,并在实践中融入科学,继而将自己的意见融入科学当中去(National Academies of Sciences, Engineering, and Medicine, 2017)。最近一项关于美国科学传播的回顾研究发现,在科学传播中不同的社会力量会带来不同的科学传播目标及相应不同的做法。19 世纪晚期以来,从城市化进程到冷战到正规教育体系的衰落，这一系列历史事件影响着科学传播目标的形成，这些目标包括意识启蒙、思想渗透、功能呈现（以及融资维持）、教育补足、资质获取以及理念达成（Bevan & Smith，即将发表）。时至今日，撇开宣传误导的背景以及快速变换的媒体环境，科学传播人员还在致力于寻找有效的方法，以保证批判性思维能够贯彻到我们对知识和问题的评判当中。科学传播目标的形成有时也是来自对这些社会压力的反应。这样发展出来的结果就是我们今天基础架构的目的地是随着历史上这些科学传播目标的不断发展而确立出来的。

我们确实清楚科学传播人员的一个主要目标是当他们在传播时发现公众在知识上有缺失的时候，需要对这部分缺失予以填补和改正。这种传播的缺失模型做法已经被证明是低效的（Kahan 等，2012；Sturgis & Allum，2004），但这已经成为科学家们共同追求的主要目标之一（Dudo & Besley，2016）。如果"告诉人们他们应该知道的知识，这样他们就能使用知识了"是科学传播地铁的一个站点的话，那么我们需要好好想想有多少科学家（如果有的话）能够得到通往这个目的地的车票。最近一项关于北美科学传播培训人员的全景研究发现，可能正是传播培训人员自己让科学家们搭上了前往这个缺失模型目的地的旅程（Besley & Dudo，2018）。作者写道：

> 就算许多培训人员嘴上说他们不愿意推动缺失模型传播，但是他们仍将给予公众更多的知识信息当作他们的工作任务，并且认为这样做可以让人们在做决定时能够做出更贴合个人情况的判断。

这项研究，以及其他研究，都强调了传播培训人员需要帮助科学家找出针对特定内容和受众的传播目标（Dudo & Besley，2016），以及进行传播培训所需要的特定的学习目标（Baram-Tsabari & Lewenstein，2017）。

科学家以及那些支持科学家进行传播工作的人们，要认同这些目标。"科学家关于传播最重要的决定可能就是确立出他们的目标。他们想在当地、本省或是全国政策制定时提供意见吗？他们想对诸如饮食的选择、诊断的决定或是生涯的规划等个人行为产生影响吗？（Dudo & Besley, 2016）。"

有了关于目的地是哪儿的共识，有了关于目标是什么的一致理解，那么我们就找到建构基础设施的钥匙了。我们在确立目的地时要保证各个方面都考虑到，使来自科学家、业界以及公众的意见都得到真实的反映，这是保证整个基础架构可塑、实用且持久的必要条件。最后还有一点很重要：要保证我们确立的目的地不仅仅是科学家想要到达的地方，还是公众自己以及公众希望科学家到达的地方。

地铁线路：传播和公众参与的途径

要前往一个目的地需要一条特定的线路或路径。比如，如果要去罗纳德·里根机场，有多条线路可供你选择。坐蓝线或黄线都可以到达，但你绝不会选择前往银泉的红线。在科学传播工作中，选择一条正确的线路或途径可以帮助科学家前往他们的目的地。有多少科学家的情况是实际乘上了红线，可他的目的地却是在黄线上呢？如果科学家可以明确地说出他们的传播目的地和目标，那么下一个问题就是"怎么去那儿？"。

在前往传播目的地的路上，科学家有很多途径可以选择。传播和公众参与工作的从业人员来自不同的机构，有大学、博物馆、媒体分支机构、科学社团、社区组织、智库、私营企业、政治组织等。这些参与人员跟科学领域有所关联，也跟科学传播目标的受众有所联系。比方说，如果科学家将目标设定为"政策告知"，那么科学家要打交道的对象就有主管科学社团的政府机构，还有外围那些可以将科学家跟相关公共政策和政府受众联系起来的组织机构（如海洋科学家一定接触过的由皮尤信托基金管理的兰菲斯特项目），或者还有熟悉当地或本省政策的本土组织。如果科学家想作为一名公众知识分子分享他的观点，那么他或她需要跟记者以及新闻宣传机构打交道，或是在媒体上把自己的看法写出来，或是直接开一个专栏，像对话新闻网那样。如果科学家对教育工作感兴趣，并且将目标设立为提高孩子们的科学教育水平，那么他可以联系当地的中小学或科学馆、博物馆，通过非正规的教育场景来跟孩子们打交道。

传播从业人员的规模在不断扩大，能力也在增强，并且相互之间的联系也更加紧密。在非正规科学教育体系中，寻找传播途径的专家们通过"国家非正规科学教育网络（NISENet）"以及"科学和技术中心协会（ASTC）"相互联系。"科学节日联盟"把全国各地所有的科学节日联系在一起。"公共政策中的工程师和科学家（ESEP）"则是一个将科学跟公共政策联系起来的科学家和专业人员的网络。"国家大影响联盟"是一个全国性的网络，致力于利用机构的力量去推动科学产生更大的影响。国家科学院的娱乐交易所经纪人则是把科学家跟娱乐产业专家联系了起来。现有的这些网络联系正在不断地加强当中，未来将会形成可供科学家利用和选择的途径和线路架构。

最近一项关于为不同目标而工作的从业人员的全景研究显示他们在很多地方是有共同点的。他们中大部分人的工作是让科学家变得更接地气，他们尽可能多地接触不同专业类型的科学家，让他们能够直接跟受众进行沟通。从业人员还会对他们所接触的科学家使用传播技能的情况进行评价，评价他们使用的熟练程度以及其中包含了多少内容。另外，只有很少一部分从业人员在现阶段是进行非正规教育或科学传播的（Gentleman, Weiner, Cavalier, Bennett, 2018）。

虽然有大量的机构、人力和途径可以帮助科学家实现他们的传播目标，但是科学家并不是对所有这些情况都熟悉。关于这个话题的讨论显示出科学家并不知道这些可供他们利用的途径的全貌。其结果是科学家所使用的途径往往是来自同事的推荐或直接联系当地中小学（特别是他们有亲戚在那个学校的时候）。虽然这些途径是合法的，但针对某一特定科学的旅程不一定是最合适的。

更深一步说，要对途径的提供者以及没有参与其中的人进行严格的审视。途径的提供者和支持者反映出人群的多样性（其人员并不只是在科学领域占主导地位的性别或民族），对这种多样性的保持是保证基础架构有效且可持续的必要条件。

传播培训人员可以帮助科学家掌握传播技能，但是他们能够引导科学走上实现有意义的社会参与这条路吗？培训人员自身对这些途径清楚吗？需不需要再找出别的途径来？传播培训人员往往只是帮助科学家进行"实践"，但他们有没有让科学家充分地参与到"游戏"中来（Besley & Dudo, 2018）？一套基础架构能很好地将培训中的实践做法跟真实世界中的传播机会联系起来。

规划地铁：利用研究和数据来建构和评估科学传播

设计地铁系统需要大量的研究、设计以及规划。对现有的居住状况、地质结构、交通模式以及其他情况进行充分研究，是地铁建设综合考虑了我们的地形、地貌、人口以及其他因素，并从中找出最佳方案的保证。从地铁开工伊始，它就处于被监测当中。每个站点会有多少人使用？在一天中的一些特定时间段会不会出现大量人群甚至拥挤的情况？轨道的状况是否完好无损？随着科学传播的建设和开展，我们就要意识到对科学传播途径的设计以及对目的地的监测（人们是否真正到达了目的地？人们是否在使用科学？）都是基于研究和数据展开的，这是科学传播工作的基础。但是，讽刺的是，那些关于科学的宣传更多的是依赖直觉，而非对科学的探究（Kahan, Scheufele & Jamieson, 2017）。关于科学传播、公众对科学的参与以及非正规科学学习有很多值得研究的地方。虽然客观上确实存在关于科学传播的科学这个领域，但是许多其他研究领域都能覆盖到这个领域，或者其研究内容会跟科学与社会的关系产生联系。传播学、教育学、风险理论、心理学、神经科学、社会学、行为科学、决定理论、政治学，还有许多其他方面都会影响我们对科学和社会之间如何互动和关联的理解。在科学传播实践中吸纳这些方面的知识和见解是非常必要的。

科学传播的科学虽然并不总是在实践中得到贯彻，但一直在向前发展中。科学传播途径的支持者们指出，多数情况下，他们不会主动地寻求在传播实践中融入社会科学的成分（Gentleman 等，2018）。科学传播培训人员对科学传播的科学的价值持一种复合态度——他们可以说出很多研究人员的名字、知道很多研究项目，却很难走近这些研究（Besley & Dudo, 2018）。有些领域，像非正规科学教育，还有可能出于其社会责任将研究跟实践联系起来。

研究人员正努力地将其理论、知识以及观点变得更能为传播从业人员所接受。比方说，美国国家科学院在科学传播方面的萨克勒报告会打算邀请社会科学研究人员来跟传播从业人员分享他们的所见所得。非正规科学教育推进中心（CAISE）建立了一个关于科学、研究以及其他类型资源的网站，帮助人们更方便地了解和探索科学。

在社会参与机会以及培训项目的基础上，还需要收集关于参与程度以及传播培训是否有效的数据和信息，看是否达成既定的目标。对非正规科学学习的评估工作也在推进当中。培训界很少会收集关于科学家传播工作的信息。往往是当他们去收集信息时，收集来的却是科学家关于科学传播培训的看法以及他们自己对培训效果的评判（Besley & Dudo, 2018）。好在，这样的情况正在发生改变。比方说，罗杰斯等在2018年推出了一套全新的、旨在评估科学传播培训项目效果的系统。

我们必须立足于我们已知的东西来建构传播实践做法及其基础架构，然后进行观测、学习和反复验证，以确保我们的基础架构能够在帮助科学家达成他们的目标方面起到作用，并对现有的目的地以及未来是否需要建设新站点进行再评估。

地铁运输指挥中枢：科学传播的中枢调节

华盛顿都市区运输指挥所作为地铁指挥中枢，是一个由多方管辖的政府机构。还有其他一些机构也参与其中（如首都都市警察局、费尔法克斯县政府、马里兰州政府等）。要保证地铁顺畅运行起来，需要多方人士共同合作，这并不奇怪。

然而，不同种类的科学传播工作却谈不上协调，这导致了高度碎片化的科学参与生态系统（Lewenstein, 2001）。有各种不同的机构都在科学家的传播工作中扮演了一定的角色，包括大学、企业、非政府组织、政府机构、金融机构、外围组织、国家级的研究院，还有一些科学社会团体。在为传播事业做贡献上我们并不缺少人员，我们缺少的，或是说整个业界尚未充分形成的，是一个科学传播的"运输指挥中枢"——一个能够协调各路机构在科学家的传播旅程上发挥作用的、能够充分思考并指导方向的中枢大脑或协调机制。这个中枢大脑（不管是正规的还是非正规的）要通过构建好的基础架构来指引科学家，帮助他们确立目标，适应培训和参与途径的合作者，共同去追寻这些目标。

在很多大学校园里都存在这样一种情况，即有很多研究项目都在做着跟科学家的传播和公众参与工作相关的事情。但是这些项目的研究人员彼此并不了解对方的研究情况。这个系的人可能在开发他们自己的传播培训项目或是课程，而那个系的人也许（同时）在邀请外面的一些培训人员进来跟他们合作。

类似地，这个系可能跟当地的中小学建立了拓展项目，而另一个研究项目的资金也涵盖了对当地中小学拓展项目的支持。有些学校有专设的办公室来协调不同的参与目标和机会。比如，美国密苏里大学的协调处就在学校的专业发展、参与机会以及影响衡量方面起到中央调节的作用——它把专业人员、教学团队、业界人士以及专家资源聚集起来，以具体的目标为导向，让所有人共同从事传播和公众参与工作。对于科学家来说，多数情况下，他们并不了解他们在一所校园里能调动的全部资源，也无法把这些资源关联起来。

在美国以外的国家，也有人在从事科学传播培训和实践的协调工作（并不有力）。在欧洲，各国政府、高等学府、研究理事会以及欧盟委员会都在为科学家的传播工作发挥作用。这些作用有时会相互矛盾，这些机构也会在培训科学家和建立科学传播团队之间区分不清（Trench & Miller, 2012）。

对体系协调工作的上升需求——来自像国家大影响联盟、科学和技术中心协会、科学传播培训人员、信息科学教育推进中心以及其他的团体——可能会给科学家的活动带来更多的坡道、匝道以及交通管控方面要进行中枢指挥协调的要求。保证这些团体和机会能够为人所知、所见、所用、所接触是维持这个体系的关键。

地铁的规定和社会的规约：科学传播的支撑政策及思想文化

有这样一些规定，如"地铁上不得饮食"或"不要站在轨道边上"，保证了地铁的正常运行以及乘客的安全。也有一类强势的地铁思想文化，即人们如何举止以及如何对待他人，保证了人们高效地前往目的地。地铁扶梯"左行右立"的规则就强势到足以让一个站在左边的人受到处罚。另外还有一些举止约俗，如先下后上等。所有这些政策、思想文化以及规约都对某些行为举止进行了规范，以减少拥挤的情况发生、保证人们的安全，尽可能高效地让最多的人顺利前往他们的目的地。

在我们建设科学传播基础架构时也要审慎地思考科学传播的规约、政策以及相关思想文化。地铁的规约和政策塑造了一个快速且有效的系统。科学以及科学传播的规约和思想文化也应该塑造出一个能够将科学家快速且有效地运送到传播目的地的系统。但是，我们关于科学传播的规约、思想文化和政策可能不仅是不支持科学传播，甚至会造成很大的障碍。

当然，在讨论科学家的传播和公众参与能力时，一个显而易见的问题就是传播缺乏社会的支持、认同、职业前景和回报。目前看来，科学的思想文化氛围并不足以支持传播和社会参与的思想文化氛围。研究资金和出版资源都是给学术圈子提供的。公众参与工作的支持者和从业人员始终要面临一个问题，即社会对将这项工作作为终身职业的前景缺乏认同。即便是有人在呼吁（也许会有更多人）要提高对科学家传播工作的支持和认同，但将这些做法纳入科学领域的回报体系这方面一直存在障碍。我们对科学家传播工作缺乏明确的衡量标准和指导意见。学术圈子的顶层人物通常会强调传播和公众参与的重要性，但那只是嘴上说说，他们并没有拿出指导具体工作的实际政策和资源（Risien & Nilson，2018）。

随着年轻科学家，特别是高校毕业生在学历教育中对传播培训方面的要求提高，以及他们将传播置于其职业生涯中心位置的做法，我们可以期待将来传播的思想文化氛围可能会有所改变。STEM 学历教育已经要求将传播纳入其教学内容当中，并置于重要位置（Neeley, Goldman, Smith, Baron, Sunu, 2014）。像 ComSciCon 这种由一群高校毕业生创建的传播培训项目，立足自身、服务自身，正努力践行着这种改变。里西安（Risien）和尼尔松（Nilson）在未来一代科学家对传播和社会参与工作的思想文化氛围的客观立场中发现了两点问题：①人员流失，看重传播和社会参与工作的人大多不愿意待在学校里。②还看重参与工作又愿意待在学校里的人为了不违反各种条条框框规定并保住他们的饭碗，基本上会自我弱化他们的参与程度（2018）。

除了这些不怎么支持传播和社会参与工作的思想文化规约，基础架构的建设还需要考虑科学传播上一些"政策"问题。有些指向科学传播的伦理问题，有些则指向科学传播所使用的手法和技能的伦理问题，这些都需要讨论和思考。曾有人提出过，现在是时候考虑一下科学传播的伦理体系应该是什么样的——这种讨论的意义在于让传播科学这件事真正地变成一件合情、合理的好事（Medvecky & Leach, 2017）。正如普里斯特（Priest）、古德温（Goodwin）和达尔斯特伦（Dahlstrom）提出的：

> 我遇到过很多科学家都是这样的，他们一方面把科学传播看作是说服他人站到"他们这一边"的一种手段，同时他们自己也有点意识到他们向外界提供的知识信息是（或者至少应当是）完全中立客观的。这对科学传播来说是一个严重的问题，可是并没有多少人意识到这个问题，更谈不上讨论；专家学者和从业人员也没多少人怀疑过这两种情形同时存在是否有问题，更不要说其中一种情形有时还会伪装成另一种的样子，而这也没有人注意到过。
>
> （普里斯特，古德温和达尔斯特伦，2018）

有了目标和策略之后，关于科学传播所使用的多样手法的伦理规范应当是什么样子的呢？鉴于科学传播培训中运用讲故事和客观叙述的手法变得越来越普遍（Besley & Dudo, 2018），我们可能也会想要对伦理问题进行评估。客观叙述的最终目的是什么：理解还是说服？应该把握什么样的度才算合适？客观叙述的手法应该全面铺开吗？（Dahlstrom & Ho, 2012）

如果科学家能在建设基础架构时确立出明确的目的地以及到达目的地的途径，并且将研究和评估融入传播工作当中，但相关的规约和政策还没有界定清楚，甚至还有悖于他们的想法，那么这个基础架构真的能发挥起作用吗？

融资以及地铁的建设：对科学传播基础架构进行投资

大多数公众交通系统的维系都是依靠多种资金来源，包括车票、广告收入以及地方政府的补贴。华盛顿地铁系统的融资来自多个政府机构，包括哥伦比亚区、乔治王子县、蒙哥马利县、费尔法克斯县、阿灵顿县以及亚历山大市、福尔斯彻奇市以及费尔法克斯市（华盛顿都会区运输局，2016财年预算）。这些资金都来源于那些使用地铁的人，比如花钱买票进入地铁系统前往目的地的乘客，当然资金也来自那些能够给运输系统带来资金的满地铁站、满车厢的广告。

我们如何使用资金来支持科学传播基础架构的建设和维护是一个非常重要的问题，但这个问题却远没有被重视。2014年美国国家科学院的一次关于基础架构的讨论会上，一众专家学者讨论过美国对科学基础架构的资金投入问题，并且研究了我们现在在科学传播领域的投资情况。其结果是很难确定下来资金具体的数字——主要是因为科学传播的投资通常并不是预算案中的某一个栏目所能单独决定的。鉴于我们对政府机构和慈善组织的科学资助的了解，我们完全可以猜测他们在科学研究中的投资只占了很小的一个比例（也许低至0.1%，当然更可能是1%，不太可能超过5%）。还是在这次讨论会上，他们还提到如果不能确立明确的目的地，那么投资的回报就无从谈起，既而导致投资也就不能成行（PILS可持续基础架构报告，美国国家研究理事会，2014）。

当我们想到建设和维持这个基础架构的资金如何投资、谁会来投资，那么一大堆问题就接踵而来。科学研究基金要不要从中（从全部基金里面还是按每个项目来算）分出一部分给科学传播？联邦政府是否应该支持？使用这个基础架构的科学家是否需要付费，就像地铁乘客要支付车票钱那样来支持这个基础架构？也许科学家应该为使用这个基础架构付费，而不是为建设它而付费？这个基础架构适不适合公众使用，有没有可以让公众愿意投资的地方？

对任何一种基础架构（公共交通运输、水利、道路）的持续融资都是个不小的挑战。人们对宏伟的基础架构的期待是希望它方便高效，却很少考虑过要为它出钱——或者说人们只是等着它变得彻底完善。因而，基础架构的建设往往会失败，且常常需要整修，而非维持，这可能更费钱。那么对科学传播来说是不是也是这样的呢？

在科学基础架构的建设、维护以及利用基础架构来推动科学家方面科学传播培训业界所起的作用

在这个基础架构的建构、维护以及参与其中发挥作用的过程中，那些践行或探究科学传播培训的人到底扮演着什么样的角色、承担了哪些责任呢？当人们在考虑整个基础架构需要怎样的领导层、愿景规划以及合作机制时，科学传播培训的相关从业人员可能在问自己如何能够在这个基础架构的一些重要环节上发挥他们的作用。

目的地及目标：培训项目是否能够帮助科学家确立他们的传播目标或任务？如果项目确实是专门为支持科学家达成特定目标或任务而设定的（如辅导学习科学事业或协助联系政策制定者），那么他们和其所支持的科学家之间的位置关系他们是否清楚？培训人员有没有在他们所教的技能中体现出之前确立的目标和任务中所蕴含的思想？科学家所思考的目标和任务是否具有代表性和普世性？

途径和线路：培训项目是否将他们的实践课程跟真实世界的传播和社会

参与机会联系了起来？

研究和评估：培训项目是否对科学传播进行了研究并将研究成果体现在培训教学课程当中？项目是否对培训效果和所产生的影响收集了数据、进行了评估，并根据这些对实践进行改进或调整？

基础架构的建设和维持涉及对科学传播政策的制定、思想文化的改变、中枢指挥的管理以及地铁系统的融资，这些都不是光靠培训从业人员和研究人员单打独斗就能完成的。但主动参与到跟这些事情相关的、涉及培训人员/研究人员/使用人员经历的多领域讨论中，并积极发声，仍是非常必要的。

科学传播的目标应当具有包容性。所有的科学家都应当能够参与到这个基础架构当中去，而这个基础架构的建设也应当由广泛而多样的群体来实施——以确保它对所有人都保持可塑性和可及性。

展望未来：想象一个科学传播的地铁系统

如果地铁不运行了，那些决心要前往目的地的人一定会找到其他解决的办法。他们可以步行，或者通过多出钱的办法来搭乘出租车或共享出租车。虽然这会让他们花费更多的时间或资源，但他们最终还是到达了目的地。同样地，在今天的科学传播领域里，那些下定决心的科学家们就算没有一个高效的基础架构可以使用，他们仍然会找到前往目的地的办法，只不过这需要花费更多的时间和资源而已。

想象一下如果这个科学传播和公众参与的基础架构建成并投入使用，就有更多的科学家可以顺利前往不同的传播目的地，而对那些已经参与其中的人士来说，科学传播则变得更加快速而有效。我们对科学家的支持可以呈指数级增长，帮助他们向多种受众开展传播和公众参与工作，达成多种目的。我们可以更好地了解各种目标的设定、不同途径的价值、投入资金的潜在回报。我们还可以在工作中总结经验，讨论可能被忽略的地方。当科学家对传播和公众参与工作表现出极大的兴趣的时候，当公众对科学的信任度在增强但跟科学的联系仍然薄弱的时候，这就需要建设一个基础架构来引导科学家的热情和能量,并确保传播工作在文化上和融资上都是快速的、有效的(效果是可测量的)、可持续的且得到支持的。

注释

[1] 本章内容是基于我在美国国家科学院的"终生科学传播的可持续基础架构"讲习班中的意见综合写出的。文中观点总结发布在 COMPASS 博客上(www.compassscicomm.org/blog/building-a-metro-for-science-communication)。在此我要感谢美国国家科学院工作坊活动促成了这些观点的形成,还要感谢 COMPASS 博客在这些想法初步成型的时候就第一个支持我发布出来。

参考文献

Baram-Tsabari, A. & Lewenstein, B. V. (2017). Science communication training: what are we trying to teach?. *International Journal of Science Education, Part B, 7*(3), 285–300.

Bevan, B. and Smith, B. (forthcoming). History of Science Communication in the US: It's complicated. In: T. Gascoigne (Ed.), *The emergence of modern science communication*. Australian National University Press.

Besley, J. and Dudo, A. (2017). *Landscaping Overview of the North American Science Communication Training Community.* Available at http://informalscience.org/sites/default/files/Communication%20Training%20Landscape%20Overview%20Final.pdf (accessed February 6, 2019).

Dahlstrom, M. F. and Ho, S. S. (2012). 'Ethical Considerations of Using Narrative to Communicate Science'. *Science Communication 34*(5), pp. 592–617. doi: 10.1177/ 1075547012454597

Dudo A., & Besley J. C. (2016). Scientists' Prioritization of Communication Objectives for Public Engagement. *PLoS ONE 11*(2): e0148867. https://doi.org/10.1371/journal.pone.0148867

Gentleman, D., Weiner, S., Cavalier, D., & Bennett, I. (2018). *Landscaping*

Overview of U.S. Facilitators of Scientists' Engagement Community. Available at http://informal science.org/support-systems-scientists'-communication-and-engagement-workshop-iv-landscaping-overview-us (accessed February 6, 2019).

Kahan, D. M., Peters, E., Wittlin, M., Slovic, P., Ouellette, L. L., Braman, D., & Mandel, G. (2012). The polarizing impact of science literacy and numeracy on perceived climate change risks. *Nature climate change*, *2*(10), 732.

Kahan, D. M, Scheufele, D., & Jamieson, K. (2017). Introduction: Why Science Communication. In K. Jamieson, D. A. Scheufele & D. M. Kahan (Eds.), *The Oxford Handbook of the Science of Science Communication.* Oxford, UK: Oxford University Press.

Lewenstein, B. V. (2001). Who produces science information for the public?. In J. Falk, E. Donovan & R. Woods (Eds.), *Free-Choice Science Education: How We Learn Science Outside of Schools* (pp. 21–43). New York: Teachers College Press.

Medvecky, F. and Leach, J. (2017). The ethics of science communication. *JCOM, 16*(04), E.

National Academies of Sciences, Engineering, and Medicine. (2017). *Communicating Science Effectively: A Research Agenda*. Washington, DC: The National Academies Press, 17–20. https://doi.org/10.17226/23674.

National Research Council. (2014). *Sustainable Infrastructures for Life Science Communication: Workshop Summary*. Washington, DC: The National Academies Press. https://doi.org/10.17226/18728.

Neeley, L., Goldman, E., Smith, B., Baron, N., & Sunu, S. (2014). GradSciComm Report and Recommendations: Mapping the Pathways to Integrate Science Communication Training into STEM Graduate Education Available at www.informalscience.org/gradscicomm-report-and-recommendations-mapping-pathways-integrate-science-communication-training (accessed February 6, 2019).

Priest, S., Goodwin, J., & Dahlstrom, M., (Eds.) (2018). *Ethics and practice in science communication*. Chicago, IL, U.S.A.: University of Chicago Press.

https://doi.org/10.7208/chicago/9780226497952.001.0001.

Risien, J., & Nilson, R. (2018). *Landscape Overview of University Systems and People Supporting Scientists in their Public Engagement Efforts*. Available at http://informalscience.org/sites/default/files/University%20SystemsPeople%20Landscape%20Overview_Risien_Nilson_March_2018_to%20Post.pdf. (accessed February 6, 2019).

Rodgers, S., Wang, Z., Maras, M. A., Burgoyne, S., Balakrishnan, B., Stemmle, J., & Schultz, J. C. (2018). Decoding Science: Development and Evaluation of a Science Communication Training Program Using a Triangulated Framework. *Science Communication*, *40*(1), 3–32.

Sturgis, P., & Allum, N. (2004). Science in society: re-evaluating the deficit model of public attitudes. *Public understanding of science*, *13*(1), 55–74.

Trench, B., & Miller, S. (2012). Policies and practices in supporting scientists' public communication through training. *Science and Public Policy*, *39*(6), 722–731.